Energie- und Infrastrukturrecht

Band 22

Schriftenreihe
Energie- und Infrastrukturrecht

Herausgegeben von
Prof. Dr. Christian Theobald
Prof. Dr. Jürgen Kühling
Christian Held

Band 22

Verlag C.H. Beck München 2013

Die gemeindliche Entscheidung über die Vergabe von Strom- und Gaskonzessionsverträgen

von

Prof. Dr. Johannes Hellermann

Verlag C. H. Beck München 2013

www.beck.de

ISBN 978 3 406 65909 6

© 2013 Verlag C.H. Beck oHG
Wilhelmstraße 9, 80801 München
Druck: Nomos Verlagsgesellschaft
In den Lissen 12, 76547 Sinzheim
Satz: Typo&Grafik, Berlin
Gedruckt auf säurefreiem, alterungsbeständigen Papier
(hergestellt aus chlorfrei gebleichtem Zellstoff)

Geleitwort

Eine funktionsfähige Infrastruktur ist seit jeher eine Voraussetzung wirtschaftlicher und gesellschaftlicher Entwicklung. So bezeichnete schon *ADAM SMITH* – als eine von drei Ausnahmen der Güterallokation über den Markt – die Verantwortlichkeit für die wirtschaftliche Infrastruktur als Staatsaufgabe. Nicht zuletzt die Erkenntnisse in den Wirtschaftswissenschaften, dort in der Netzökonomie sowie der Institutionenökonomik, und der ökonomischen Analyse des Rechts in den vergangenen 30 Jahren haben der seit Jahrhunderten geführten Diskussion der „richtigen" Aufgabenverteilung zwischen Staat und Wirtschaft eine neue Dimension verliehen. In vielen Bereichen scheint sich der bisherige Leistungsstaat zum Gewährleistungsstaat zu wandeln, der sich auf die Überwachung der Erfüllung der Aufgaben durch Private beschränkt. Eine zentrale Frage ist und wird auch künftig immer bleiben, wer für die Bereitstellung der wesentlichen Infrastruktureinrichtungen verantwortlich ist. Hierzu zählen wir neben den klassischen Infrastrukturen des Straßen-, Schiffs- und Schienenverkehrs, der Strom-, Gas-, Fernwärme- und Wasserversorgung auch die Bereiche des Luftverkehrs, der Telekommunikation, der Postdienste sowie des Rundfunkwesens. Die meisten der genannten Bereiche sind auf das Vorhandensein von festen Leitungen bzw. Trassen oder aber Netzsystemen angewiesen, welche entweder aus tatsächlichen, wirtschaftlichen oder rechtlichen Gründen, nicht beliebig duplizierbar sind.

Die derzeitige Fragmentierung dessen, was auch als Daseinsvorsorge oder Erfüllung öffentlicher Aufgaben verstanden wird, führt nicht zuletzt zu einer zunehmenden Zahl von Spezialgesetzen: Eine entsprechende parallele Rezeption in immer neuen Spezialzeitschriften und Kommentierungen der Fachgesetze verleitet mehr und mehr dazu, das Ganze, d.h. die wesentlichen Gemeinsamkeiten und zugleich die wesentlichen Unterschiede, aus den Augen zu verlieren, ein Phänomen der, um mit den Erkenntnissen der Luhmann'schen Systemtheorie zu sprechen, Ausdifferenzierung der Gesellschaft im Allgemeinen und des Rechts im Besonderen.

Dem gegenwirkenden, erforderlichen ganzheitlichen Ansatz soll die im Jahr 2002 begründete Schriftenreihe Rechnung tragen. Da das Energiewirtschaftsrecht als ein Bestandteil des übergeordneten Infrastrukturrechts gegenwärtig das wohl wirtschaftlich bedeutsamste und auch publizistisch am intensivsten bearbeitete Rechtsgebiet ist, hat sich aus unserer Sicht die Bezeichnung „Energie- und Infrastrukturrecht" angeboten. Die Schriftenreihe behandelt Rechtsfragen aus der Energie- und der übrigen Infrastrukturwirtschaft im oben erläuterten Sinne. Kommunalrecht, Vergabe- und Wettbewerbsrecht, Europa- und Verfassungsrecht sowie interdisziplinäre Betrachtungen werden dabei ständig eine wichtige Rolle spielen.

Der ganzheitliche Ansatz soll auch durch die Herausgeber gewährleistet werden, die rechtswissenschaftliche Tätigkeit und anwaltliche Praxis repräsentieren. Im Kreis der Herausgeber ist es mit dem vorliegenden Band zu einem Wechsel gekommen. Unsere Mitbegründerin Frau Univ.-Prof. Dr. Gabriele Britz hat nicht zuletzt wegen ihrer ehrenvollen, aber zeitintensiven Aufgabe als Richterin am Bundesverfassungsgericht entschieden, ihren „Staffelstab" weiterzureichen. Gemeinsam mit dem Verlag danken wir ihr sehr für ihr Mitwirken über all die Jahre, gleichzeitig freuen wir uns darauf, dass wir mit Herrn Univ.-Prof. Dr. Jürgen Kühling, LL.M. (Brüssel) von der Universität Regensburg einen ausgezeichneten Nachfolger neu in unserer Mitte begrüßen dürfen. In einer Zeit, die durch grundsätzliche Veränderungen und Umbrüche in den betroffenen Rechtsgebieten gekennzeichnet ist, wollen die Herausgeber Zeichen setzen. Dogmatische Konturen und praktische Relevanz sind dabei die Anliegen.

Der 22. Band der Schriftenreihe untersucht, welchen Anforderungen Kommunen im Rahmen ihrer Auswahl des neuen Konzessionärs nach § 46 Abs. 3 EnWG ausgesetzt sind. Der dort im Jahr 2011 neu eingefügte Satz 5 sieht vor, dass die Gemeinde bei der Auswahl des Unternehmens den Zielen des § 1 EnWG verpflichtet ist. Seitdem werden sehr viele Strom- und Gaskonzessionsverfahren durch unterlegene Anbieter, meist die jeweiligen Altkonzessionäre, angezweifelt und zunehmend einer gerichtlichen Prüfung unterzogen. Hieraus resultieren nicht nur mitunter jahrelange Verzögerungen sich anschließender Netzübernahmen, sondern auch eine zunehmende Rechtsunsicherheit, wie ein ordnungsgemäßes Konzessionsverfahren überhaupt durchzuführen ist; dies gilt insbesondere mit Blick auf die in § 1 EnWG genannten, naturgemäß widerstreitenden und nur sehr schwer in Einklang zu bringenden Ziele wie bspw. Versorgungssicherheit, Preisgünstigkeit und Umweltverträglichkeit. Wird die Gemeinde auf die Funktion eines bloßen Vollzugsorgans reduziert oder nimmt sie als Selbstverwaltungskörperschaft bei der Konzessionsvergabe weiterhin eigenverantwortlich ihre eigenen örtlichen Angelegenheiten wahr? Angesichts bundesweit etwa 20.000 bestehender und vielfach gegenwärtig auslaufender Strom- und Gaskonzessionsverträge ein gleichermaßen praktisch relevantes und wissenschaftlich interessantes Spannungsfeld zwischen der Garantie kommunaler Selbstverwaltung einerseits und der Anwendbarkeit bzw. Reichweite des Kartellrechts andererseits.

Berlin und Regensburg, im August 2013 *Die Herausgeber*

Vorwort

Die vorliegende Untersuchung ist aus einem im Auftrag des Verbandes kommunaler Unternehmen e.v. (VKU) erstellten Rechtsgutachten hervorgegangen, das hier in einer überarbeiteten, an einzelnen Stellen aktualisierten und ergänzten Fassung präsentiert wird. Sie ist veranlasst durch die Ungewissheiten, die zuletzt in der Rechtsanwendung hinsichtlich der Frage aufgekommen sind, welche Verfahrensanforderungen und welche sachlichen Kriterien die Gemeinde bei der Vergabe von Strom- und Gaskonzessionsverträgen nach § 46 EnWG zugrunde legen muss bzw. darf. In der jüngeren Behörden- und Gerichtspraxis sowie rechtswissenschaftlichen Literatur stehen neben einzelnen Äußerungen, die weiterhin den gemeindlichen Entscheidungsspielraum betonen, andere Entscheidungen und Stellungnahmen, die diesen Entscheidungsspielraum sehr restriktiv bestimmen. Darin wird die Gemeinde bei der Auswahl ihres Konzessionsvertragspartners über die ausdrücklichen Vorgaben des § 46 Abs. 3 und 4 EnWG hinaus strengen verfahrensrechtlichen Anforderungen unterworfen und materiellrechtlich durch eine teils sehr enge Definition zulässiger Auswahlkriterien deutlich eingeschränkt. Solche Positionen sind schon zur Rechtslage vor dem Gesetz zur Neuregelung energiewirtschaftsrechtlicher Vorschriften vom 26. Juli 2011 vertreten worden. Durch den mit diesem Gesetz neu eingefügten § 46 Abs. 3 S. 5 EnWG („Bei der Auswahl des Unternehmens ist die Gemeinde den Zielen des § 1 verpflichtet.") ist insbesondere die Frage, wie weit die materiellrechtliche Bindung der Gemeinde bei ihrer Auswahlentscheidung reichen soll und unter verfassungsrechtlichen Vorzeichen reichen darf, nochmals virulenter geworden. Aus rechtlicher Perspektive und angesichts aktuell bestehender Rekommunalisierungstendenzen zugleich auch in praktischer Hinsicht verdient dabei die Frage nach der Freiheit der Gemeinde zur (konzessionsvertraglichen) Vergabe des örtlichen Verteilnetzbetriebs an ein eigenes Unternehmen und deren möglicher Begrenzung besondere Aufmerksamkeit. Den skizzierten Rechtsfragen geht die Untersuchung nach, indem sie zunächst die Grundlagen im höherrangigen bzw. vorrangig anwendbaren Recht, d.h. im nationalen Verfassungs- und im Europäischen Unionsrecht darzulegen und anschließend im Lichte der daraus abzuleitenden Vorgaben die einfachrechtliche Rechtslage zu ermitteln sucht. Im Ergebnis erweist sich, dass die Spielräume zur Wahrung kommunaler Interessen in dem Verfahren der Konzessionsvergabe nach § 46 EnWG deutlich größer sind, als dies zuletzt mitunter angenommen worden ist.

Bielefeld, Juli 2013 *Johannes Hellermann*

Inhaltsverzeichnis

Geleitwort	V
Vorwort	IX
Abkürzungsverzeichnis	XV
Literaturverzeichnis	XVII

A. Einleitung 1

I. Der Untersuchungsgegenstand 1
  1. Der Untersuchungsgegenstand in tatsächlicher Hinsicht ... 1
  2. Ausgangslage in rechtlicher Hinsicht 2
    a) Entwicklung und Ausgangslage im Gesetzesrecht 2
      aa) Gesetzeslage bis 1998 2
      bb) Gesetzeslage von 1998 bis 2011 2
      cc) Aktuelle Gesetzeslage nach dem EnWG-Neuregelungsgesetz 2011 3
    b) Auslegung und Anwendung des Gesetzesrechts 4
II. Anliegen und Gang der Untersuchung 6

B. Vorgaben des höherrangigen/vorrangig anwendbaren Rechts .. 7

I. Gewährleistung gemeindlicher Gestaltungsspielräume durch die Garantie kommunaler Selbstverwaltung (Art. 28 Abs. 2 GG) . 7
  1. Garantie eigenverantwortlicher Regelung der Angelegenheiten der örtlichen Gemeinschaft 7
    a) Gemeindlicher Aufgabenkreis 7
    b) Eigenverantwortlichkeit 8
  2. Bedeutung für die Stellung der Kommunen in der leitungsgebundenen Energieversorgung 9
    a) Tatbestandlicher Schutz der kommunalen Konzessionsvergabe 9
      aa) Die Wegehoheit als Grundlage der gemeindlichen Position 9
      bb) Konzessionsvergabe als Selbstverwaltungsaufgabe .. 11
    b) Verfassungsrechtliche Rechtfertigungsbedürftigkeit von gesetzlichen Regelungen der Konzessionierung 12
II. Beschränkende unionsrechtliche (und unionsrechtlich determinierte) sowie grundgesetzliche Vorgaben 13
  1. Unionsrecht 13

a) Sekundärrechtliche Vorgaben 13
   aa) Energiebinnenmarktrichtlinien 13
   bb) Vergaberichtlinien und ihre Umsetzung in §§ 97 ff.
       GWB 15
b) Primärrechtliche Vorgaben 16
   aa) Anforderungen an die Vergabe von
       Konzessionsverträgen 16
   bb) Privilegierung von „Inhouse-Vergaben"? 17
2. Verfassungsrecht: Art. 3 Abs. 1 GG 20

C. Die Ausgestaltung im nationalen Gesetzesrecht im Lichte der
   Vorgaben des höherrangigen/vorrangig anwendbaren Rechts .. 23
   I. § 46 EnWG 23
      1. Verfahrensrechtliche Anforderungen 23
         a) Grundsätzliche Verpflichtung zu Bekanntmachung und
            Auswahlverfahren 23
         b) Bekanntmachung und Auswahlverfahren bei Konzessions-
            vergabe an ein gemeindeeigenes Unternehmen? 24
            aa) Bekanntmachung des bevorstehenden Vertrags-
                endes 24
            bb) Förmliches Auswahlverfahren? 25
      2. Materiellrechtliche Anforderungen 27
         a) Beschränkung auf netzbezogene Kriterien? 29
         b) Beschränkung auf die Ziele des § 1 (Abs. 1) EnWG? 30
            aa) § 46 Abs. 3 EnWG a.F. 30
            bb) § 46 Abs. 3 S. 5 EnWG 32
                (1) Auslegung 32
                (2) Verfassungsrechtliche Würdigung 33
            cc) Ergebnis 34
         c) Effizienz als maßgebliches Kriterium 34
         d) Zulässigkeit der bevorzugten Vergabe an ein eigenes Un-
            ternehmen? 36
            aa) Zulässigkeit und energiewirtschaftsrechtliche Aner-
                kennung des Netzbetriebs durch ein
                gemeindeeigenes Unternehmen 36
            bb) Sachlich rechtfertigende Gründe für die
                Konzessionierung eines gemeindeeigenen Unterneh-
                mens 37
            cc) Unzulässigkeit gemeindeeigenen Unternehmen
                günstiger, sachlicher Kriterien? 39
                (1) Folgerung aus der Nichtanwendbarkeit der
                    Inhouse-Vergabe-Grundsätze? 39

(2) Folgerung aus der Doppelrolle der Kommunen bei der Konzessionsvergabe?	40
II. Kartellrechtliche Vorgaben	41
1. Gemeindliche Konzessionsvergabe als unternehmerisches oder hoheitliches Verhalten?	42
2. Marktbeherrschende Stellung	43
3. Unbillige Behinderung und Diskriminierung, insbesondere bei Inhouse-Vergaben?	44
a) Kartellrechtliche Relevanz kommunalwirtschaftsrechtlicher Subsidiarität?	44
aa) Zu den kommunalwirtschaftsrechtlichen Vorgaben	45
bb) Zur kartellrechtlichen Relevanz	45
b) Verquickung von hoheitlichen Aufgaben und erwerbswirtschaftlichen Interessen?	47
c) Ausschluss der kartellrechtlichen Privilegierung konzernverbundener Unternehmen?	49
d) Fazit zu den spezifisch kartellrechtlichen Argumentationsansätzen	50
D. Schluss	51
I. Ergebnisse der Untersuchung	51
II. Abschließende Bewertung	52
Sachverzeichnis	55

Abkürzungsverzeichnis

ABl.	Amtsblatt
ABl. EG	Amtsblatt der Europäischen Gemeinschaft
AEUV	Vertrag über die Arbeitsweise der Europäischen Union
a.F.	alte Fassung
Aufl.	Auflage
B.	Beschluss
Bd.	Band
BFernStrG	Bundesfernstraßengesetz
BGBl.	Bundesgesetzblatt
BGH	Bundesgerichtshof
BGHZ	Entscheidungen des BGH in Zivilsachen
BT-Drs.	Bundestagsdrucksache
BVerfG	Bundesverfassungsgericht
BVerfGE	Entscheidungen des BVerfG
BVerwG	Bundesverwaltungsgericht
BVerwGE	Entscheidungen des BVerwG
DÖV	Die Öffentliche Verwaltung
DVBl.	Deutsches Verwaltungsblatt
EnWG	Energiewirtschaftsgesetz
EnWZ	Zeitschrift für das gesamte Recht der Energiewirtschaft
EuGH	Europäischer Gerichtshof
EU	Europäische Union
GG	Grundgesetz
GWB	Gesetz gegen Wettbewerbsbeschränkungen
Hrsg.	Herausgeber
IR	InfrastrukturRecht
KSzW	Kölner Schrift zum Wirtschaftsrecht
LG	Landgericht
n.F.	neue Fassung
NJW	Neue Juristische Wochenschrift
NJW-RR	NJW-Rechtsprechungs-Report Zivilrecht
N&R	Netzwirtschaften & Recht
NRW	Nordrhein-Westfalen
NVwZ	Neue Zeitschrift für Verwaltungsrecht
NVwZ-RR	NVwZ-Rechtsprechungs-Report Verwaltungsrecht
NWVBl.	Nordrhein-Westfälische Verwaltungsblätter
OLG	Oberlandesgericht
OVG	Oberverwaltungsgericht
RdE	Recht der Energiewirtschaft
RhPfVerfGH	Verfassungsgerichtshof Rheinland-Pfalz
Rn.	Randnummer
Rs.	Rechtssache
Slg.	Sammlung
StrWG NRW	Straßen- und Wegegesetz des Landes Nordrhein-Westfalen
Tz.	Textziffer
Urt.	Urteil
VG	Verwaltungsgericht
ZNER	Zeitschrift für Neues Energierecht

Literaturverzeichnis

Bahr, Christian/Sassenberg, Thomas, Auskunftsverlangen im Rahmen von Konzessionsverträgen, RdE 2011, 170

Bartlsperger, Richard, Straßenhoheit und Energiewirtschaft, DVBl. 1980, 249

ders., Hoheitliche Sachherrschaft in der Rechtsprechung des Bundesverfassungsgerichts und bei der Telegraphenpflichtigkeit von Verkehrswegen, in: W. Zeidler/Th. Maunz/G. Roellecke (Hrsg.), Festschrift Hans Joachim Faller, München 1984, S. 81 (zit.: Festschrift Faller)

Britz, Gabriele/Hellermann, Johannes/Hermes, Georg (Hrsg.), EnWG. Energiewirtschaftsgesetz, 2. Aufl., München 2010

Büdenbender, Ulrich, Materiellrechtliche Entscheidungskriterien der Gemeinden bei der Auswahl des Netzbetreibers in energiewirtschaftlichen Konzessionsverträgen, Essen 2011 (zit.: Materiellrechtliche Entscheidungskriterien)

ders., Rechtliche Anforderungen an die kommunale Auswahl des Vertragspartners in energiewirtschaftlichen Konzessionsverträgen, DVBl. 2012, 1530

Büttner, Svenja/Templin, Wolf, Gemeinsamer Leitfaden von Bundeskartellamt und Bundesnetzagentur zur Vergabe von Strom- und Gaskonzessionsverträgen und zum Wechsel des Konzessionsnehmers – Ein richtiger Schritt in Richtung Wettbewerb um Strom- und Gasverteilnetze, ZNER 2011, 121

Bundeskartellamt/Bundesnetzagentur, Gemeinsamer Leitfaden von Bundeskartellamt und Bundesnetzagentur zur Vergabe von Strom- und Gaskonzessionen und zum Wechsel des Konzessionsnehmers, 15. Dez. 2010 (zit.: Gemeinsamer Leitfaden)

Byok, Jan, Neuabschluss und Verlängerung von Konzessionsverträgen – Anforderungen an Bekanntmachung und Durchführung des Auswahlverfahrens, RdE 2008, 268

Ennuschat, Jörg, Kommunalwirtschaftsrecht – Prüfungsmaßstab im Vergaberechtsschutz?, NVwZ 2008, 966

Fischer, Henning/Wolf, Thomas/Embacher, Patrick, Rechtliche Anforderungen an die Ausgestaltung der Auswahlverfahren zur Vergabe von Strom- und Gaskonzessionen nach § 46 EnWG, RdE 2012, 274

Haupt, Andreas/Slawinski, Katharina, Zur Zulässigkeit ausschreibungsfreier Vergaben von Netzkonzessionen nach § 46 EnWG – Keine Einschränkung des Inhouse-Privilegs aus kartellrechtlichen Gründen, IR 2012, 122

Hellermann, Johannes, Örtliche Daseinsvorsorge und gemeindliche Selbstverwaltung, Tübingen 2000 (zit.: Örtliche Daseinsvorsorge)

Hermes, Georg, Staatliche Infrastrukturverantwortung, München 1998

Hoch, Holger/Theobald, Christian, „Wettbewerb um Strom- und Gasverteilnetze im Spannungsfeld zwischen Art. 28 Abs. 2 GG und Kartellrecht", KSzW 2011, 300

Höch, Thomas, Zulässige Auswahlkriterien im Konzessionsvergabeverfahren gemäß § 46 EnWG, RdE 2013, 60

Jasper, Ute/Biemann, Jens, Bundeskartellamt greift Strom- und Gaskonzessionsvergaben an, IR 2012, 50

Kermel, Cornelia (Hrsg.), Praxishandbuch der Konzessionsverträge und der Konzessionsabgaben, Berlin/Boston 2012 (zit.: Konzessionsverträge und Konzessionsabgaben)

Kermel, Cornelia/Brucker, Guido/Baumann, Toralf, Wegenutzungsverträge und Konzessionsabgaben in der Energieversorgung, Frankfurt am Main 2008 (zit.: Wegenutzungsverträge)

Meyer-Hetling, Astrid/Templin, Wolf, Das Ausbleiben des Auswahlverfahrens und Rechtsschutzmöglichkeiten des unterlegenen Bieters, ZNER 2012, 18

Säcker, Franz Jürgen (Hrsg.), Berliner Kommentar zum Energierecht, Bd. 1, 2. Aufl., Frankfurt am Main 2010 (zit.: Berliner Kommentar)

Säcker, Franz Jürgen/Mohr, Jochen/Wolf, Maik, Konzessionsverträge im System des europäischen und deutschen Wettbewerbsrechts, 2011 (zit.: Konzessionsverträge)

Salje, Peter, Energiewirtschaftsgesetz, Köln/Berlin/München 2006

Schau, Götz-Friedrich, Die wettbewerbliche Vergabe von Konzessionen nach § 46 EnWG – Verfahren ohne Regeln und Schiedsrichter?, RdE 2011, 1

Schneider, Jens-Peter/Theobald, Christian (Hrsg.), Recht der Energiewirtschaft, 3. Aufl., München 2011

Scholtka, Boris/Baumann, Toralf, Das Konzessionsvertragsrecht nach der Energierechtsreform 2005, N&R 2010, 1

Scholtka, Boris/Helmes, Sebastian, Energiewende 2011 – Schwerpunkte der Neuregelungen im Energiewirtschafts- und Energieumweltrecht, NJW 2011, 3185

Templin, Wolf, Recht der Konzessionsverträge, München 2009

Templin, Wolf, Kriterien und Verfahren der kommunalen Auswahlentscheidung bei Abschluss eines Konzessionsvertrages, IR 2009, 101 und 125

Tettinger, Peter J., Rechtliche Markierungen für kommunale Energiepolitik – Zur Stromversorgung auf kommunaler Ebene, NWVBl. 1989, 1

Theobald, Christian, Auslaufende Konzessionsverträge Strom und Gas: Was ist seitens der Kommunen zu tun?, DÖV 2009, 356

Thomale, Hans-Christoph/Kießling, Carsten, Anforderungen an den (Neu-)Abschluss von Konzessionsverträgen, N&R 2008, 166

A. Einleitung

I. Der Untersuchungsgegenstand

Zentraler Gegenstand der vorliegenden Untersuchung ist die Entscheidung der Gemeinde über die Vergabe des Betriebs des örtlichen Verteilnetzes, insbesondere über den Abschluss sog. Konzessionsverträge im Strom- und Gasbereich nach § 46 EnWG.

1. Der Untersuchungsgegenstand in tatsächlicher Hinsicht

Die leitungsgebundene Versorgung mit Strom und Gas ist, wie vielfach beschrieben und unumstritten ist, auf ein örtliches Verteilnetz angewiesen, über das die Vielzahl der einzelnen Letztverbraucher in den einzelnen Gemeinden angeschlossen und beliefert werden kann. Der Betrieb eines solchen örtlichen Verteilnetzes gilt nach wie vor als ein natürliches Monopol[1], weshalb ein konkurrierender Betrieb mehrerer solcher Verteilnetze grundsätzlich ausscheidet. Die Errichtung und der Betrieb eines örtlichen Verteilnetzes für die Versorgung mit Strom und Gas wiederum ist auf die Inanspruchnahme des örtlichen Wegenetzes angewiesen. Nur über dieses Wegenetz sind die Grundstücke der einzelnen Letztverbraucher mit Leitungen flächendeckend zu erreichen. Daher stellt „die Verfügungsmöglichkeit über die öffentlichen Wege die Grundlage für die Durchführung der Stromversorgung dar. Ohne diese Verfügungsmöglichkeit ist eine Lieferung von elektrischer Energie praktisch nicht möglich und für eine Zuweisung der Stromversorgung an einen bestimmten Versorgungsträger kein Raum ..."[2]. Das örtliche Wegenetz, das in dieser Weise Voraussetzung für die Energieversorgung durch die Unternehmen ist, steht regelmäßig im Eigentum bzw. in der Wegehoheit der jeweiligen Gemeinde. Dieser Umstand verleiht der Gemeinde die Möglichkeit, über die Vergabe des Wegenutzungsrechts Einfluss auf die örtliche Energieversorgung zu nehmen.

---

[1] Vgl. zuletzt nur *Büdenbender*, Materiellrechtliche Entscheidungskriterien, S. 13, 17, 19; *Höch*, RdE 2013, 60 (62).
[2] BGHZ 89, 226 (238).

2. Ausgangslage in rechtlicher Hinsicht

a) Entwicklung und Ausgangslage im Gesetzesrecht

aa) Gesetzeslage bis 1998

Die Vergabe von Strom- und Gaskonzessionsverträgen durch die Gemeinden ist über lange Jahre kein Gegenstand einer besonderen energiewirtschaftsgesetzlichen Regelung gewesen. Das 1935 in Kraft getretene Energiewirtschaftsgesetz (EnWG) enthielt keine diesbezügliche Vorschrift.

Regelungen zu Konzessionsverträgen fanden und finden sich im Straßenrecht. Dort war und ist bis heute regelmäßig geregelt, dass das Recht zur Nutzung der Verkehrswege über den Gemeingebrauch hinaus auf der Grundlage des Eigentums privatrechtlich verliehen wird, sofern der Gemeingebrauch anderer nicht beeinträchtigt oder nur vorübergehend für Zwecke der öffentlichen Ver- oder Entsorgung beeinträchtigt wird[3]. Unter diese letzte Tatbestandsalternative fällt unumstritten die Vergabe von Wegenutzungsrechten zur Verlegung und zum Betrieb von Leitungen zur Strom- und Gasversorgung.

Außerdem enthielt das am 1. Januar 1958 in Kraft getretene Gesetz gegen Wettbewerbsbeschränkungen in seinem § 103 GWB a.F. eine einschlägige Regelung. Sie schloss die Anwendbarkeit insbesondere des § 1 GWB, der das Verbot von Kartellverträgen vorsieht, auf Strom- und Gaskonzessionsverträge aus. In der 4. GWB-Novelle des Jahres 1980 wurde für Konzessionsverträge eine Höchstlaufzeit von 20 Jahren eingeführt (§ 103a Abs. 1 und 4 GWB a.F.). Diese Regelung sicherte ein System geschlossener Versorgungsgebiete; die Gemeinden konnten Energieversorgungsunternehmen konzessionsvertraglich, seit 1980 auf eine Höchstlaufzeit von 20 Jahren befristet, ausschließliche Versorgungsrechte im Gemeindegebiet einräumen.

bb) Gesetzeslage von 1998 bis 2011

Durch das Gesetz zur Neuregelung des Energiewirtschaftsrechts vom 24. April 1998[4] wurden §§ 103, 103a GWB a.F. für die Strom- und Gasversorgung – für die Wasserversorgung blieb die Regelung anwendbar – außer Kraft gesetzt, und es wurde erstmals eine einschlägige Regelung im neugefassten Energiewirtschaftsgesetz geschaffen. § 13 Abs. 2 bis 4 EnWG 1998 regelte den Abschluss von Verträgen zwischen Gemeinden und Energieversorgungsunternehmen über die Nutzung öffentlicher Ver-

---

[3] Vgl. § 8 Abs. 10 BFernStrG sowie die entsprechenden Regelungen in den meisten Landesrechten (z.B. § 23 Abs. 1 StrWG NRW).
[4] BGBl. I S. 730.

kehrswege für die Verlegung und den Betrieb von Leitungen zur Durchführung der sog. allgemeinen Versorgung i.S.v. § 10 Abs. 1 S. 1 EnWG 1998. § 13 Abs. 2 S. 1 EnWG 1998 sah weiterhin eine Höchstlaufzeit von 20 Jahren vor. § 13 Abs. 3 EnWG 1998 verpflichtete die Gemeinde, zwei Jahre vor Ablauf von Konzessionsverträgen das Vertragsende bekanntzumachen und im Falle der Bewerbung mehrerer Unternehmen bei Neuabschluss oder Verlängerung von Konzessionsverträgen auch ihre Entscheidung unter Angabe der maßgeblichen Gründe öffentlich bekanntzumachen. Die Gesetzentwurfsbegründung führte hierzu aus: „Nach welchen Kriterien die Gemeinde ihre Auswahlentscheidung zu treffen hat, wird nicht bestimmt. Höhere Transparenz sowie eine bessere Nachvollziehbarkeit der gemeindlichen Entscheidung werden aber gleichwohl dazu beitragen, dass die Entscheidung nach rationalen Kriterien erfolgt."[5]

Mit dem Zweiten Gesetz zur Neuregelung des Energiewirtschaftsrechts vom 7. Juli 2005[6] trat an die Stelle von § 13 Abs. 2 EnWG 1998 die Neuregelung des § 46 Abs. 2 EnWG 2005, der nach der Gesetzentwurfsbegründung unmittelbar an seine Vorgängerregelung anknüpft und diese an die neuen rechtlichen Rahmenbedingungen anpassen will[7]. Diese Anpassung beinhaltet eine bedeutende konzeptionelle Änderung in Bezug auf die gegenständliche Reichweite der Regelung: Vertragsgegenstand ist nunmehr nur noch „die Nutzung öffentlicher Verkehrswege für die Verlegung und den Betrieb von Leitungen, die zu einem Energieversorgungsnetz der allgemeinen Versorgung im Gemeindegebiet gehören"; damit ist die Versorgung der Letztverbraucher nicht mehr Gegenstand des Konzessionsvertrages. Im übrigen wurden die Vorschriften über die öffentliche Bekanntmachung des Vertragsendes hinsichtlich der gebotenen Form der Bekanntmachung und für den Fall einer vorzeitigen Beendigung und Verlängerung von Konzessionsverträgen ergänzt. Die Regelung zur öffentlichen Bekanntmachung der gemeindlichen Auswahlentscheidung, nunmehr in § 46 Abs. 3 S. 5 EnWG 2005, blieb unverändert.

cc) Aktuelle Gesetzeslage nach dem EnWG-Neuregelungsgesetz 2011

Mit dem Gesetz zur Neuregelung energiewirtschaftsrechtlicher Vorschriften vom 26. Juli 2011[8] wurde mit Blick auf die gemeindliche Auswahlentscheidung ein neuer § 46 Abs. 3 S. 5 EnWG eingefügt. Dieser hat folgenden Wortlaut: „Bei der Auswahl des Unternehmens ist die

---
[5] BT-Drs. 13/7274, S. 21.
[6] BGBl. I S. 1970, ber. 3621.
[7] BT-Drs. 15/3917, S. 67.
[8] BGBl. I S. 1554.

Gemeinde den Zielen des § 1 verpflichtet." Die Begründung zum Gesetzentwurf hat deutlich gemacht, dass – genauer – die Ziele des § 1 Abs. 1 EnWG gemeint sind, und dazu ausgeführt: „Mit dem neuen Absatz 3 Satz 5 wird klargestellt, dass die Gemeinde im Rahmen ihrer Entscheidung über die Vergabe der Konzession an die Ziele des § 1 gebunden ist, eine preisgünstige, verbraucherfreundliche, effiziente und umweltverträgliche Versorgung im Sinne des Verbrauchers sicherzustellen. Die sachgerechten Kriterien für die Gemeinde müssen sich aufgrund der Vorgabe der Entflechtung des Netzbetriebs von Vertrieb und Erzeugung auf Aspekte des Netzbetriebs beschränken."[9] Damit hat der Gesetzgeber die bis dahin bestehenden verfahrensrechtlichen Vorgaben um eine – nach der Gesetzentwurfsbegründung als klarstellend angesehene – materiellrechtliche Vorgabe für die Vergabeentscheidung der Gemeinde ergänzt.

b) Auslegung und Anwendung des Gesetzesrechts

Die nach diesen gesetzlichen Vorgaben zu treffende Entscheidung der Gemeinde über die Auswahl ihres Konzessionsvertragspartners hat lange Zeit kein besonderes Interesse hervorgerufen. Zuletzt hat sich jedoch in der Rechtsanwendung als ungewiss und umstritten erwiesen, welche Verfahrensanforderungen und welche sachlichen Kriterien die Gemeinden danach bei der Vergabe von Strom- und Gaskonzessionsverträgen zugrunde legen müssen bzw. dürfen.

Teils, wenn auch eher vereinzelt, ist dabei auch weiterhin die Entscheidungsfreiheit der Gemeinde betont worden.[10] In Fortsetzung einer auch schon vor Inkrafttreten des § 46 Abs. 3 S. 5 EnWG n.F. zu beobachtenden Tendenz ist diese Entscheidungsfreiheit zuletzt jedoch, mit Unterstützung eines Teils der Literatur,[11] namentlich von Kartellbehörden und Zivilgerichten zunehmend enger bestimmt worden, insbesondere auch im Zusammenhang mit der Konzessionsvergabe an gemeindeeigene Unternehmen. Gestützt wird diese Behörden- und Gerichtspraxis auf § 46 Abs. 3 (insbes. S. 5) EnWG sowie auf §§ 19, 20 GWB. In verfahrensrechtlicher Hinsicht wird angenommen, dass eine Vergabe an ein eigenes Unternehmen ohne vorherige Durchführung eines wettbewerblichen Interessebekundungsverfahrens i.S.v. § 46 Abs. 3 EnWG rechtswidrig sei.[12] Weiter wird angenommen, dass zu Beginn des Vergabever-

---
[9] BT-Drs. 17/6072, S. 88.
[10] Vgl. etwa VG Oldenburg, B. v. 17. Juli 2012, 1 B 3594/12, insbes. Tz. 89 ff. (zitiert nach juris) = ZNER 2012, 541 (544 f.).
[11] Vgl. vor allem *Büdenbender*, Materiellrechtliche Entscheidungskriterien; *ders.*, DVBl. 2012, 1530.
[12] Vgl. *Jasper/Biemann*, IR 2012, 50 (50 f.), zu einer entsprechenden Verpflichtungserklärung in Sachen Stadt Dinkelsbühl.

fahrens Kriterien festzulegen und den Interessenten mitzuteilen seien, die als solche und in ihrer Gewichtung im weiteren Verlauf nicht geändert werden dürften; eine unter Abweichung hiervon getroffene Auswahlentscheidung, auch zu Gunsten eines gemeindeeigenen Netzbetreibers, sei rechtswidrig.[13] Darüber hinaus ist in verschiedenen Hinsichten der gemeindliche Entscheidungsspielraum auch materiell eingeschränkt gesehen worden. So soll die Gemeinde ausschließlich streng netzbezogene Auswahlkriterien zugrunde legen dürfen; die Verfolgung anderer Interessen soll ihr versagt sein.[14] Insbesondere soll die Gemeinde nicht berechtigt sein, im Rahmen der Auswahlentscheidung ein eigenes Unternehmen zu bevorzugen; in dieser Hinsicht werden weder das Argument des größeren kommunalen Einflusses auf den Netzbetreiber noch das Argument fiskalischer Vorteilhaftigkeit akzeptiert.[15] Vielmehr soll die Auswahlentscheidung allein nach den Kriterien des § 46 Abs. 3 S. 5 i.V.m. § 1 (Abs. 1) EnWG erfolgen dürfen, so dass die Gemeinde allein nach Kriterien entscheiden dürfen soll, die an diese Ziele anknüpfen.[16] Unter diesen Zielen wird dem Ziel einer effizienten Energieversorgung eine zumindest relativ größere, wenn nicht eine ausschlaggebende Bedeutung beigemessen.[17] Dabei wird mitunter den von der Bundesnetzagentur in dem Verfahren zur Anreizregulierung ermittelten Effizienzwerten der einzelnen Energieversorgungsunternehmen eine besondere Bedeutung beigemessen,[18] so dass – zugespitzt formuliert – der von der Bundesnetzagentur ermittelte Effizienzwert über die Auswahl entscheidet und ein eigenständiger Entscheidungsspielraum der Gemeinde kaum noch erkennbar bleibt.

---

[13] Vgl. OVG NRW, B. v. 10. Febr. 2012, 11 B 1187/11, Tz. 35 ff. (zitiert nach juris) = NVwZ-RR 2012, 415 (416); *Bundeskartellamt/Bundesnetzagentur*, Gemeinsamer Leitfaden, Tz. 22.
[14] *Bundeskartellamt/Bundesnetzagentur*, Gemeinsamer Leitfaden, Tz. 23; *Jasper/Biemann*, IR 2012, 50 (51).
[15] Vgl. LG Kiel, Urt. v. 3. Febr. 2012, 14 O 12/11.Kart, Tz. 80 (zitiert nach juris) = RdE 2012, 263 (264); *Bundeskartellamt/Bundesnetzagentur*, Gemeinsamer Leitfaden, Tz. 26.
[16] LG Kiel, Urt. v. 3. Febr. 2012, 14 O 12/11.Kart, Tz. 78 (zitiert nach juris) = RdE 2012, 263 (264).
[17] Vgl. LG Kiel, Urt. v. 3. Febr. 2012, 14 O 12/11.Kart, Tz. 80 (zitiert nach juris) = RdE 2012, 263 (264); OLG Schleswig, Urt. v. 22. Nov. 2012, 16 U (Kart) 22/12, Tz. 128 (zitiert nach juris; insoweit nicht abgedruckt in EnWZ 2013, 84).
[18] *Büdenbender*, Materiellrechtliche Entscheidungskriterien, S. 47; zurückhaltender insoweit OLG Schleswig, Urt. v. 22. Nov. 2012, 16 U (Kart) 22/12, Tz. 128 (zitiert nach juris; insoweit nicht abgedruckt in EnWZ 2013, 84).

II. Anliegen und Gang der Untersuchung

Von diesem Befund ausgehend verfolgt die vorliegende Untersuchung die Absicht zu untersuchen, welche Verfahrensvorgaben und Kriterien eine Gemeinde im Rahmen ihrer Entscheidung über die Vergabe von Strom- und Gaskonzessionsverträgen zugrunde legen darf, und dabei den rechtlichen Möglichkeiten der Wahrung kommunaler Interessen und Spielräume in dem Verfahren der Konzessionsvergabe nachzugehen. Die Untersuchung wendet sich dabei zunächst den Grundlagen im höherrangigen bzw. vorrangig anwendbaren Recht zu (B.), um auf dieser Grundlage dann die einfachrechtliche Ausgestaltung der gemeindlichen Auswahlentscheidung bei der Konzessionsvergabe näher zu erörtern (C.).

B. Vorgaben des höherrangigen/vorrangig anwendbaren Rechts

Als höherrangiges Recht ist im Folgenden das nationale Verfassungsrecht sowie das Europäische Unionsrecht (und zugleich das unionsrechtlich determinierte, deshalb am Anwendungsvorrang des Unionsrechts teilhabende nationale Recht) in den Blick zu nehmen. Die hieraus folgenden Vorgaben können dabei zwei unterschiedliche Wirkungsrichtungen haben. Einerseits kann sich daraus eine vom einfachen Gesetzesrecht zu beachtende Verbürgung gemeindlicher Spielräume bei der Konzessionsvergabe ergeben; insoweit ist im nationalen Verfassungsrecht die Garantie kommunaler Selbstverwaltung gemäß Art. 28 Abs. 2 GG zu untersuchen (I.). Andererseits können auch dem einfachen Gesetzesrecht, namentlich § 46 EnWG vorausliegende Einschränkungen des gemeindlichen Spielraums bestehen; solche möglicherweise beschränkende Vorgaben können sich aus dem Europäischen Unionsrecht sowie auf verfassungsrechtlicher Ebene aus Art. 3 Abs. 1 GG ergeben (II.).

I. Gewährleistung gemeindlicher Gestaltungsspielräume durch die Garantie kommunaler Selbstverwaltung (Art. 28 Abs. 2 GG)

Die Stellung der Kommunen in der leitungsgebundenen Versorgung der Einwohner, insbesondere der Versorgung mit Energie, ist in Deutschland verfassungsrechtlich fundiert. Sie findet ihre verfassungsrechtliche Grundlage in der Garantie kommunaler Selbstverwaltung, die in Art. 28 Abs. 2 GG sowie den entsprechenden landesverfassungsrechtlichen Garantien verbürgt ist.

1. Garantie eigenverantwortlicher Regelung der Angelegenheiten der örtlichen Gemeinschaft

a) Gemeindlicher Aufgabenkreis

Mit Blick auf die gemeindliche Aufgabenwahrnehmung garantiert Art. 28 Abs. 2 S. 1 GG den Gemeinden das Recht zur eigenverantwortlichen Regelung der Angelegenheiten der örtlichen Gemeinschaft und damit den Zugriff auf die Aufgaben ihres örtlichen Wirkungskreises.

Das bedeutet zunächst die Garantie eines bestimmten Kreises – von den überörtlichen und namentlich staatlichen Aufgaben abzugrenzender – gemeindlicher Aufgaben, die als Angelegenheiten der örtlichen Gemeinschaft umschrieben werden. Nach dem grundlegenden Rastede-Beschluss des Bundesverfassungsgerichts sind hiervon erfasst „diejenigen Bedürfnisse, die in der örtlichen Gemeinschaft wurzeln oder auf sie einen spezifischen Bezug haben, die also den Gemeindebürgern gerade als solchen gemeinsam sind, indem sie das Zusammenleben und -wohnen der Menschen in der (politischen) Gemeinde betreffen"[19]. Dem Gesetzgeber wird bei der Qualifizierung einer Aufgabe als örtlich bzw. gemeindlich ein gerichtlich nur eingeschränkt überprüfbarer Einschätzungsspielraum zugestanden.[20]

Wenn er jedoch eine Aufgabe des örtlichen Wirkungskreises beschränkend regelt, unterliegt er verfassungsrechtlichen Rechtfertigungsanforderungen. Er muss jedenfalls den sog. Kernbereich der Garantie wahren, d.h. die Befugnis, sich aller – nicht durch Gesetz bereits anderen Trägern öffentlicher Verwaltung übertragener – Angelegenheiten der örtlichen Gemeinschaft ohne besonderen Kompetenztitel anzunehmen,[21] unangetastet lassen und auch eine faktische Beseitigung dieses Kernbereichs (im Sinne eines freien Aufgabenzugriffsrechts) vermeiden.[22]

Darüber hinaus muss er vor allem auch den für den sog. Randbereich der Garantie entwickelten Anforderungen genügen. Art. 28 Abs. 2 S. 1 GG begründet insoweit ein sog materielles Aufgabenverteilungsprinzip zugunsten der Gemeinden, auf Grund dessen Aufgaben mit örtlichem Bezug den Gemeinden nur entzogen werden dürfen, wenn überwiegende öffentliche Gründe dies rechtfertigen; dies soll nur dann der Fall sein, wenn anders die ordnungsgemäße Aufgabenerfüllung nicht sicherzustellen wäre oder ein unverhältnismäßiger Kostenanstieg verursacht würde, während das bloße Ziel der Verwaltungsvereinfachung oder Zuständigkeitskonzentration bzw. Gründe der Wirtschaftlichkeit und Sparsamkeit der Verwaltung nicht zureichen sollen.[23]

b) Eigenverantwortlichkeit

Für die gesamte gemeindliche Verwaltung, d.h. auch über diesen eigenen gemeindlichen Aufgabenkreis hinaus und auch für die Wahrnehmung übertragener staatlicher Aufgaben,[24] ist der Gemeinde weiterhin die eigenverantwortliche Regelung garantiert. Die Eigenverantwortlichkeit ist dabei nicht auf Regelungen im Sinne von Rechtsetzung beschränkt, sondern erfasst auch jede andere Art der Aufgabenerledigung. Das Bundes-

---

[19] BVerfGE 79, 127 (151 f.).
[20] BVerfGE 79, 127 (153 f.).
[21] BVerfGE 79, 127 (146).
[22] BVerfGE 79, 127 (148 und 155).
[23] BVerfGE 79, 127 (153).
[24] BVerfGE 83, 363 (382).

verfassungsgericht definiert diese Eigenverantwortlichkeit als Freiheit von staatlicher Reglementierung in Bezug auf die Art und Weise der Aufgabenerledigung und die Organisation der Gemeindeverwaltung.[25] Auch insoweit sind beschränkende gesetzliche Regelungen verfassungsrechtlich vor Art. 28 Abs. 2 GG rechtfertigungsbedürftig.[26]

2. Bedeutung für die Stellung der Kommunen in der leitungsgebundenen Energieversorgung

a) Tatbestandlicher Schutz der kommunalen Konzessionsvergabe

Es ist in der Rechtsprechung und in der Literatur grundsätzlich anerkannt, dass zu den verfassungsrechtlich garantierten Aufgaben der gemeindlichen Selbstverwaltung auch die Sicherstellung der Versorgung der Einwohner mit leitungsgebundener Energie, namentlich mit Strom und Gas zählt.[27] Ungeachtet dieser allgemeinen Anerkennung der verfassungsrechtlichen Position wird ihre Bedeutung für die Konzessionsvergabe jedoch durchaus unterschiedlich gesehen.

aa) Die Wegehoheit als Grundlage der gemeindlichen Position

Das beruht nicht zuletzt darauf, dass bei genauer Betrachtung keine wirkliche Klarheit und Einigkeit über die Grundlage dieser verfassungsrechtlichen Position der Gemeinde besteht.

Richtigerweise ist diese Grundlage in der Hoheit der Gemeinde über das örtliche Wegenetz zu finden.[28] Dies wird allerdings in Rechtsprechung und Literatur überwiegend anders gesehen, indem darauf verwiesen wird, dass die Grundlage der Verleihung des Wegenutzungsrechts allein im privatrechtlichen Eigentum der Gemeinde liege und der Konzessionsvertrag ein privatrechtlicher Vertrag sei, der sich grundsätzlich nicht von sonstigen Pacht- oder Mietverträgen unterscheide;[29] in der Folge wird dann auch der Gemeinde jegliche inhaltliche Gestaltungsbefugnis in Bezug auf die Energieversorgung der Einwohner abgesprochen. Dieser Einwand überzeugt nicht. Er verkennt, dass – ungeachtet der in ständiger Rechtsprechung angenommenen privatrechtlichen Form – der

---

[25] Vgl. BVerfGE 83, 363 (382); 91, 228 (245); 107, 1 (14); 119, 331 (362).
[26] Vgl. insbes. BVerfGE 91, 228 (238 ff.).
[27] Vgl. BVerfGE 33, 258 (270); 66, 248 (258); BVerfG, NJW 1990, 1783; NVwZ 2000, 789; NVwZ-RR 2000, 16; BVerwGE 98, 273 (275 ff.); BGHZ 119, 101 (105); 163, 296 (302); RhPfVerfGH, NVwZ 2000, 801 (803). Vgl. auch *Säcker/Mohr/Wolf*, Konzessionsverträge, S. 25; *Büdenbender*, Materielle Entscheidungskriterien, S. 61; *Schwensfeier*, in: Kermel (Hrsg.), Konzessionsverträge und Konzessionsabgaben, Kap. 5 Rn. 137.
[28] Vgl. ausführlich dazu *Hellermann*, Örtliche Daseinsvorsorge, S. 276 ff.
[29] Vgl. etwa *Säcker/Mohr/Wolf*, Konzessionsverträge, S. 51.

Konzessionsvertrag sich von Miet- oder Pachtverträgen etwa über einzelne Grundstücke oder Gebäude seinem Inhalt nach grundlegend unterscheidet. Die Energieversorgungsunternehmen sind auf die Inanspruchnahme des gemeindlichen Wegenetzes für den Betrieb eines örtlichen Verteilnetzes, welches wiederum Voraussetzung für die Belieferung der Letztverbraucher ist, nicht nur tatsächlich in einer besonderen Weise angewiesen; auch in verfassungsrechtlicher Perspektive ist das Wegenutzungsrecht der Gemeinden anders zu qualifizieren als das rein fiskalische Eigentum an einzelnen Grundstücken oder Gebäuden. Das öffentliche Wegenetz wird zu Recht als eine – in staatlicher Hand befindliche – Infrastruktureinrichtung und insofern als Verwaltungsleistung charakterisiert;[30] auch das Bundesverfassungsgericht hat ausgeführt, es sei die „für den allgemeinen Verkehr geschaffene und hierfür gewidmete sowie für seine Zwecke unterhaltene Verkehrsfläche ... in tatsächlicher und rechtlicher Hinsicht durch Besonderheiten geprägt, die mit dem Wesen und der Funktion des bürgerlichen Rechts kaum noch einen Zusammenhang aufweisen. Die öffentliche Straße kann als eine Verwaltungsleistung weder mit dem für das Privatrecht und keineswegs allgemein geltenden Sachbegriff des § 90 BGB noch mit dem Eigentumsbegriff des Bürgerlichen Gesetzbuchs sachgerecht erfasst werden, sondern fordert ihrer Funktion nach eine vom bürgerlichen Recht abweichende Regelung der ‚Sachherrschaft'. Ihr Inhalt wird durch das öffentlich-rechtliche, auf die Allgemeinheit ausgerichtete Element bestimmt."[31] Das gilt richtigerweise nicht nur in Bezug auf die primäre oberirdische Verkehrsfunktion, sondern auch in Bezug auf die durch ober- oder unterirdisch verlegte Leitungen wahrgenommene Ver- und Entsorgungsfunktion; in diesem Sinne sind die öffentlichen Wege treffend als öffentliche Mehrzweckinstrumente[32] oder als Universal- oder Basisinfrastrukturnetze[33] bezeichnet worden. Die Verwaltung des örtlichen Wegenetzes als einer solchen multifunktionalen Infrastruktur ist eine Angelegenheit der örtlichen Gemeinschaft; es geht – wie es die Definition verlangt – um die Befriedigung von Bedürfnissen, die einen spezifischen Bezug auf die örtliche Gemeinschaft haben und daher den Gemeindebürgern gerade als solchen gemeinsam sind, indem sie das Zusammenleben und -wohnen der Menschen in der (politischen) Gemeinde betreffen.

---

[30] *Bartlsperger*, DVBl. 1980, 249 (251); ders., in: Festschrift Faller, 1984, S. 81 (86).
[31] BVerfGE 42, 20 (32).
[32] *Bartlsperger*, DVBl. 1980, 249 (252, 259).
[33] *Hermes*, Staatliche Infrastrukturverantwortung, S. 382, 452.

bb) Konzessionsvergabe als Selbstverwaltungsaufgabe

Aus dieser Selbstverwaltungsangelegenheit der Verwaltung der öffentlichen Wege in ihrer multifunktionalen Bedeutung ergibt sich eine verfassungsgeschützte Gestaltungsbefugnis in Bezug auf die leitungsgebundene Versorgung des Gemeindegebiets. Das gilt – anders als im Bereich der Telekommunikation, den die Verfassung als staatliche Angelegenheit dem Bund zuweist[34] – jedenfalls für die leitungsgebundene Energieversorgung. Deshalb unterfällt – wie das Bundesverwaltungsgericht formuliert hat – „wie immer auch die örtliche Stromversorgung durchgeführt wird, ... jedenfalls die Entscheidung hierüber der gemeindlichen Selbstverwaltung".[35] Es ist eine verfassungsgeschützte Selbstverwaltungsangelegenheit zu entscheiden, ob das Wegenutzungsrecht für Versorgungszwecke der Gemeinde selbst bzw. einem eigenen Unternehmen vorbehalten bleiben oder aber einem anderen Energieversorgungsunternehmen auf der Grundlage eines Konzessionsvertrages überlassen werden soll und unter welchen Konditionen dies erfolgen soll.[36] Der Bundesgerichtshof hat insofern angenommen, mit dem Konzessionsvertrag entledige sich die Gemeinde ggf. der ihr im Rahmen der Daseinsvorsorge obliegenden Aufgabe einer ordentlichen und gesicherten Energieversorgung durch Übertragung auf ein privates Unternehmen.[37]

Mit der Entscheidung über die Überlassung des Wegenutzungsrechts nimmt die Gemeinde im Übrigen nicht nur ihre Gestaltungsbefugnis im Bereich der leitungsgebundenen Energieversorgung, sondern zugleich auch andere verfassungsgeschützte gemeindliche Belange wahr. Denn die Vergabe der Strom- bzw. Gaskonzession berührt zugleich auch Fragen der sonstigen Nutzung des gemeindlichen Wegenetzes, der Bauleitplanung, der kommunalen Wirtschaftsförderung usw. Auch insoweit unterfällt die Entscheidung über die Konzessionierung dem Schutz der Selbstverwaltungsgarantie.

---

[34] BVerfG, NVwZ 1999, 520 (521). Vgl. ausführlich hierzu *Hellermann*, Örtliche Daseinsvorsorge, S. 324 ff. Zu Unrecht will *Höch*, RdE 2013, 60 (63), hierauf auch Zweifel in Bezug auf den Bereich der leitungsgebundenen Energieversorgung stützen; dies verkennt die besondere verfassungsrechtliche Regelung des Telekommunikationssektors früher in Art. 87 GG a.F., heute in Art. 87f GG.
[35] BVerwGE 95, 273 (276).
[36] Zur Konzessionsvergabe als Selbstverwaltungsaufgabe vgl. etwa *Theobald*, DÖV 2009, 356 (358); *Albrecht*, in: Schneider/Theobald (Hrsg.), Recht der Energiewirtschaft, § 9 Rn. 74; *Schau*, RdE 2011, 1 (3); *Büttner/Templin*, ZNER 2011, 121 (123); *Fischer/Wolf/Embacher*, RdE 2012, 274 (276, 277).
[37] BGH, RdE 1986, 115 (116); RdE 1986, 118 (120); BGHZ 119, 101 (105).

b) Verfassungsrechtliche Rechtfertigungsbedürftigkeit von gesetzlichen Regelungen der Konzessionierung

Da das gemeindliche Selbstverwaltungsrecht nach Art. 28 Abs. 2 S. 1 GG nur „im Rahmen der Gesetze" gewährleistet ist, ist der Gesetzgeber nicht grundsätzlich daran gehindert, das Recht der Konzessionsverträge zu regeln.

Unter Hinweis auf diesen Gesetzesvorbehalt wird freilich der Gewährleistungsgehalt des Art. 28 Abs. 2 GG mitunter unzulässig verkürzt. In einer besonders prägnanten Weise kommt das Ausdruck, wenn Büdenbender formuliert: „Das Grundgesetz kann und will die Kommune nicht zu Rechtsverstößen ermächtigen, auch nicht unter dem Blickwinkel ihrer verfassungsrechtlichen Position. Für die hier analysierte Thematik bedeutet dies, dass die Kommunen gehalten sind, die für sie geltenden Vorgaben des EnWG und des GWB bei ihrer Entscheidung über die Auswahl des Konzessionsvertragspartners zu beachten. Dies ist kein Eingriff in die kommunale Selbstverwaltung, sondern eine Selbstverständlichkeit. Soweit die Kommunen Adressaten des EnWG und des GWB sind, unterliegen sie der Regelungskompetenz des Bundesgesetzgebers"[38] Das klingt geradezu nach einer Umkehrung des Vorrangs im Verhältnis von Verfassungs- und einfachem Recht und entspricht der Sache nach der Auffassung, Art. 28 Abs. 2 GG verschaffe den Gemeinden keine rechtliche Sonderstellung, da die Selbstverwaltung nur im Rahmen der allgemeinen Gesetze bestehe, zu denen auch die Bestimmungen des EnWG zählten.[39] Eine solche Kennzeichnung als nicht weiter rechtfertigungsbedürftige allgemeine Gesetze ist jedoch allenfalls im Ergebnis angängig für solche Vorschriften des EnWG, die die energiewirtschaftliche Betätigung als solche, ohne Rücksicht auf den Unternehmensträger regeln, so dass auch die Kommunen mit ihren Unternehmen ohne Weiteres daran gebunden sind,[40] also etwa für die kommunale und private Unternehmen gleichermaßen bindenden Regelungen zum Netzbetrieb in §§ 11 ff. EnWG. Solche allgemein unternehmensbezogenen Regelungen des EnWG beschränken nicht spezifisch die Kommunen in der Wahrnehmung ihrer Selbstverwaltungsaufgabe der Sicherstellung der Versorgung der Einwohner mit leitungsgebundener Energie; ihnen gegenüber können die Kommunen daher auch keinen verfassungsrechtlichen Sonderstatus beanspruchen. Die energiewirtschaftsgesetzlichen Regelungen über die Vergabe der gemeindlichen Wegenutzungsrechte sind aber keine solchen

---

[38] *Büdenbender*, DVBl. 2012, 1530 (1538).
[39] So OLG Düsseldorf, B. v. 9. Jan. 2013, VII-Verg 26/12, Tz. 80 (zitiert nach juris) = EnWZ 2013, 125 (128).
[40] Vgl. BVerfG, NVwZ 1982, 306 (308); *Tettinger*, NWVBl. 1989, 1 (5); *Hellermann*, Örtliche Daseinsvorsorge, S. 260.

allgemeinen, rechtsträgerunabhängig unternehmensbezogenen Regelungen, sondern adressieren spezifisch die Gemeinden in der Wahrnehmung ihrer Selbstverwaltungsaufgabe. Insoweit können die Bestimmungen des EnWG nicht als allgemeine, nicht weiter rechtfertigungsbedürftige Vorschriften qualifiziert werden.

Als die Wahrnehmung einer gemeindlichen Selbstverwaltungsaufgabe beschränkende Regelungen müssen sich die gesetzlichen Vorgaben für die Konzessionsvergabe daher vor der Garantie kommunaler Selbstverwaltung rechtfertigen. Der verfassungsrechtliche Schutz beschränkt sich dabei nicht, wie mitunter der Anschein erweckt wird, auf die Gewährleistung des sog. Kernbereichs.[41] Auch sofern – was für die hier interessierenden Regelungen ohne nähere Erörterung unterstellt werden soll – der Kernbereich der Selbstverwaltungsgarantie nicht ausgehöhlt und nur der sog. Randbereich der Garantie tangiert wird, greift das vom Bundesverfassungsgericht herausgearbeitete sog. materielle Aufgabenverteilungsprinzip zugunsten der Gemeinden. Nach den Maßstäben des Rastede-Beschlusses des Bundesverfassungsgerichts sind Regelungen im Randbereich der Garantie – und damit auch die gemeindliche Konzessionsvergabe im Strom- und Gasbereich beschränkende gesetzliche Regelungen – nur zulässig, wenn überwiegende öffentliche Gründe sie rechtfertigen.

II. Beschränkende unionsrechtliche (und unionsrechtlich determinierte) sowie grundgesetzliche Vorgaben

Umgekehrt können aus höherrangigem/vorrangig anwendbarem Recht auch Beschränkungen der gemeindlichen Position bei der Konzessionsvergabe folgen.

1. Unionsrecht

Insoweit ist zunächst den rechtlichen Vorgaben nachzugehen, die sich aus dem Europäischen Unionsrecht ergeben.

a) Sekundärrechtliche Vorgaben

aa) Energiebinnenmarktrichtlinien

Seit 1996 hat die Europäische Union drei Generationen von Energiebinnenmarktrichtlinien auf den Weg gebracht, durch die sie die Liberalisierung des Energiebinnenmarktes sukzessive maßgeblich vorangetrieben

---

[41] Vgl. etwa *Höch*, RdE 2013, 60 (63).

und den mitgliedstaatlichen Rechtsordnungen weitreichende Vorgaben gemacht hat. Den aktuellen sekundärrechtlichen Rechtsrahmen bildet das sog. Dritte Binnenmarktpaket vom 13. Juli 2009, zu dem insbesondere die Richtlinie 2009/72 EG des Europäischen Parlamentes und des Rates über gemeinsame Vorschriften für den Elektrizitätsbinnenmarkt und zur Aufhebung der Richtlinie 2003/54/EG („Strom-Richtlinie") sowie die Richtlinie 2009/73 EG des Europäischen Parlamentes und des Rates über gemeinsame Vorschriften für den Erdgasbinnenmarkt und zur Aufhebung der Richtlinie 2003/55/EG („Gas-Richtlinie") gehören.[42] Mit Blick auf die – sich in den Konzessionsverträgen aktualisierende – Rechtsstellung der deutschen Kommunen ist insofern besonders bedeutsam, dass das Unionsrecht eine Öffnung des Wettbewerbs um die Belieferung der Endkunden mit Energie und insoweit eine Trennung des Netzbetriebs von dieser Versorgung i.e.S. (und der Erzeugung) verlangt; dies hat Folgen für den möglichen Inhalt von Konzessionsverträgen, die nach früherem deutschen Recht zugleich mit dem Recht zu Errichtung und Betrieb des örtlichen Verteilnetzes auch ein ausschließliches Versorgungsrecht für das Gemeindegebiet zugunsten des Energieversorgungsunternehmens enthalten konnten und regelmäßig enthielten, heute hingegen in Übereinstimmung mit dieser unionsrechtlichen Vorgabe nach § 46 Abs. 2 S. 1 EnWG auf das Recht zur Verlegung und zum Betrieb von Leitungen des örtlichen Verteilnetzes beschränkt sind. Im Übrigen finden sich nur wenige und indirekte Vorgaben, die für die Regelung der Konzessionsverträge in Deutschland relevant wären. Insoweit bedeutsam ist, dass die Richtlinien eine mitgliedstaatliche Verpflichtung zur Sicherstellung einer Grundversorgung begründen (Art. 3 Abs. 3 S. 1 der Richtlinien 2009/72 EG und 2009/73 EG) und vorschreiben, dass die Mitgliedstaaten oder von diesen dazu aufgeforderte Unternehmen, die Eigentümer von Verteilernetzen sind oder für diese verantwortlich sind, für einen bestimmten Zeitraum einen Verteilernetzbetreiber benennen (vgl. Art. 24 der Richtlinien 2009/72 EG und 2009/73 EG). Zu der Frage, wer in welcher Weise die erforderlichen Wegenutzungsrechte zur Verfügung stellt, äußern sich die Richtlinien nicht näher. Sie fordern weiter, dass die Mitgliedstaten gewährleisten, dass die Verteilnetzbetreiber die Art. 25, 26 und 27 der Richtlinien einhalten; Art. 25 der Richtlinien verlangt dabei vom Verteilnetzbetreiber insbesondere auch einen Netzbetrieb, der eine angemessene Nachfrage nach Verteilung von Energie zu befriedigen in der Lage ist, sicher, zuverlässig und effizient ist und Umweltschutz und Energieeffizienz gebührend beachtet (Art. 25 Abs. 1 der Richtlinien 2009/72 EG und 2009/73 EG). Diese den Mitgliedstaaten auferlegte Gewährleistungspflicht zielt jedenfalls nicht nur

---

[42] ABl. EG Nr. L 211 vom 14. Aug. 2009, S. 1.

II. Beschränkende unionsrechtliche sowie grundgesetzliche Vorgaben 15

auf die Auswahlentscheidung; wenn sich überhaupt daraus verpflichtende Vorgaben schon und auch für die Auswahlentscheidung ableiten lassen,[43] dann allenfalls in dem Sinne, dass diese Gesichtspunkte zu berücksichtigen sind, nicht aber im Sinne einer Exklusivität dieser Kriterien.

bb) Vergaberichtlinien und ihre Umsetzung in §§ 97 ff. GWB

Die – in §§ 97 ff. GWB in das nationale Recht umgesetzten – Vergaberichtlinien der Europäischen Union[44] unterwerfen grundsätzlich öffentliche Aufträge ab einem bestimmten Schwellenwert einem europaweiten Ausschreibungsverfahren und bestimmten Vergabegrundsätzen. Ihr Anwendungsbereich ist jedoch auf öffentliche Aufträge, u.a. auch öffentliche Dienstleistungsaufträge beschränkt (vgl. § 99 GWB). Nicht in den Anwendungsbereich fallen u.a. die – insbesondere von den Dienstleistungsaufträgen abzugrenzenden – sog. Dienstleistungskonzessionen. Der Europäische Gerichtshof[45] hat in einem durch Konzessionsvertrag begründeten Auftrag zur Trinkwasserversorgung und Abwasserentsorgung eine solche Dienstleistungskonzession, auf die die Vergaberichtlinien – und das förmliche deutsche Vergaberecht der §§ 97 ff. GWB – nicht anwendbar sind, gesehen. Auch auf den Abschluss von Strom- und Gaskonzessionsverträgen, die ebenfalls keine öffentlichen Dienstleistungsaufträge begründen, sind diese Regelungen nach ganz herrschender und zutreffender Auffassung nicht anwendbar.[46]

---

[43] So *Büdenbender*, Materielle Entscheidungskriterien, S. 60: Die Kommune treffe „die Verpflichtung, bei ihrer Auswahlentscheidung darauf zu achten, dass der Verteilnetzbetreiber in der Lage ist, ein sicheres, zuverlässiges und effizientes Verteilnetz unter Beachtung des Umweltschutzes ... zu unterhalten".
[44] Vgl. Richtlinie 2004/17/EG des Europäischen Parlaments und des Rates vom 31. März 2004 zur Koordinierung der Zuschlagserteilung durch Auftraggeber im Bereich der Wasser-, Energie- und Verkehrsversorgung sowie der Postdienste, ABl. L 134 vom 30. April 2004, S. 1, sowie Richtlinie 2004/18/EG des Europäischen Parlaments und des Rates vom 31. März 2004 über die Koordinierung der Verfahren zur Vergabe öffentlicher Bauaufträge, Lieferaufträge und Dienstleistungsaufträge, ABl. L 134 vom 30. April 2004, S. 114.
[45] Vgl. EuGH, Urt. v. 10. Sept. 2009, Rs. C-206/08, Slg. 2009, I-8377, Tz. 46 ff. – WAZV Gotha. Zustimmend zitiert für den Energiesektor von *Scholtka/Baumann*, N&R 2010, 1 (5).
[46] Vgl. EuGH, Urt. v. 21. Juli 2005, Rs. C-231/03, Slg. 2005, I-7287, Tz. 16 – Coname; OVG NRW, B. v. 10. Febr. 2012, 11 B 1187/11, Tz. 27 (zitiert nach juris) = NVwZ-RR 2012, 415 (415); VG Oldenburg, B. v. 17. Juli 2012, 1 B 3594/12, insbes. Tz. 87 (zitiert nach juris) = ZNER 2012, 541 (543); *Bundeskartellamt/Bundesnetzagentur*, Gemeinsamer Leitfaden, Tz. 14; *Thomale/Kießling*, N&R 2008, 166 (168); *Wegner*, in: Säcker (Hrsg.), Berliner Kommentar, § 46 Rn. 103 ff.; *Albrecht*, in: Schneider/Theobald (Hrsg.), Recht der Energiewirtschaft, § 9 Rn. 79; *Schau*, RdE 2011, 1 (3); *Bahr/Sassenberg*, RdE 2011, 170 (175); *Meyer-Hetling/Templin*, ZNER 2012, 18 (19); *Templin*, IR 2009, 101 (103); *Säcker/Mohr/Wolf*, Konzessionsverträge, S. 67; *Büdenbender*, Materielle Entscheidungskriterien, S. 72 f.; *ders.*, DVBl.

b) Primärrechtliche Vorgaben

Der Umstand, dass es keine konkretisierenden sekundärrechtlichen Vorgaben für die gemeindliche Konzessionsvergabe gibt, führt zu der Frage, welche Vorgaben sich bereits aus dem Primärrecht, hier namentlich aus dem Vertrag über die Arbeitsweise der Europäischen Union (AEUV) ergeben.

Von Bundeskartellamt und Bundesnetzagentur[47] und auch in der deutschen Literatur[48] wird angenommen, dass (auch) unionsrechtlich die Unternehmenseigenschaft der Gemeinde beim Abschluss von Konzessionsverträgen und deshalb die Anwendbarkeit der kartellrechtlichen Bestimmungen des AEUV zu bejahen sei. Allerdings führen die hieraus abgeleiteten Konsequenzen über die Folgerungen aus dem – später zu erörternden – nationalen Wettbewerbsrecht[49] kaum hinaus. Zudem hat hiervon abweichend der Europäische Gerichtshof angenommen, dass das Kartellverbot des Art. 101 AEUV nicht anwendbar sei auf Verträge zwischen Gemeinden, die in ihrer Eigenschaft als Träger öffentlicher Gewalt handeln, und Unternehmen, die mit der Wahrnehmung einer öffentlichen Aufgabe betraut werden.[50] Die Wettbewerbsregeln des Unionsrechts sollen deshalb im Folgenden nicht näher erörtert, sondern mit dem Europäischen Gerichtshof als nicht einschlägig angesehen werden.

Von Bedeutung bleiben danach die Grundfreiheiten des AEUV, für den hier fraglichen Netzbetrieb insbesondere die Niederlassungsfreiheit (Art. 49 AEUV) und die Dienstleistungsfreiheit (Art. 56 AEUV), sowie das Diskriminierungsverbot (Art. 18 AEUV) und das daraus abgeleitete Transparenzgebot.

aa) Anforderungen an die Vergabe von Konzessionsverträgen

Aus den Grundregeln des EU-Vertragsrechts, namentlich den Grundfreiheiten im Allgemeinen und dem Verbot der Diskriminierung aus Gründen der Staatsangehörigkeit, das eine Verpflichtung zur Transparenz einschließt, im Besonderen ergeben sich einschlägige Anforderungen. Die Rechtsprechung des Europäischen Gerichtshofs[51] hat diese An-

---

2012, 1530 (1531); *Herten-Koch*, in: Kermel (Hrsg.), Konzessionsverträge und Konzessionsabgaben, Kap. 5 Rn. 76 ff.
[47] *Bundeskartellamt/Bundesnetzagentur*, Gemeinsamer Leitfaden, Tz. 16 f., 22.
[48] *Säcker/Mohr/Wolf*, Konzessionsverträge, S. 51 f.; *Büdenbender*, Materiellrechtliche Entscheidungskriterien, S. 75 ff.
[49] Vgl. unten unter C. II.
[50] EuGH, Urt. v. 4. Mai 1988, Rs. 30/87, Slg. 1988, 2479, Tz. 16 ff. – Bodson; Urt. v. 21. Juli 2005, Rs. C-231/03, Slg. 2005, I-7287, Tz. 12 – Coname.
[51] Vgl. EuGH, Urt. v. 7. Dez. 2000, Rs. C-324/98, Slg. 2000, I-10745, Tz. 60 ff. – Teleaustria; Urt. v. 21. Juli 2005, Rs. C-231/03, Slg. 2005, I-7287, Tz. 16 – Coname; , Urt. v. 13. Okt. 2005, Rs. C-458/03, Slg 2005, I-8585, Tz. 46 ff. – Parking Brixen.

forderungen insbesondere mit Blick auf die Vergabe von – dem Vergaberecht nicht unterfallenden – Dienstleistungskonzessionen entfaltet. Entsprechende, von den Auftraggebern zu beachtende Anforderungen stellt das Primärrecht der Europäischen Union auch an das Verfahren zum Abschluss eines Strom- bzw. Gaskonzessionsvertrages und an die Auswahl des Konzessionsvertragspartners. Es ist danach ein förmliches Auswahlverfahren durchzuführen, in dem eine Bekanntmachung in geeigneter Form und die Vergabe transparent und diskrimierungsfrei erfolgen muss; die Entscheidung ist ferner zu begründen, und es müssen Nachprüfungsmöglichkeiten im nationalen Recht gewährleistet sein.[52] Auch das Gebot, zu Beginn des Vergabeverfahrens bestimmte, für alle Bewerber gleichermaßen geltende Kriterien aufzustellen, diese auf alle Bewerber unterschiedslos anzuwenden und im Laufe des Verfahrens einzuhalten,[53] wird aus dem Primärrecht abgeleitet.

bb) Privilegierung von „Inhouse-Vergaben"?

Es stellt sich jedoch die Frage, ob diese Anforderungen unionsrechtlich auch dann begründet sind, wenn die Konzessionsvergabe an ein Energieversorgungsunternehmen der vergebenden Gemeinde selbst erfolgen soll.

Die Frage liegt deshalb nahe, weil selbst in dem – durch die Vergaberichtlinien und in §§ 97 ff. GWB näher normierten – förmlichen Vergaberecht die Freistellung sog. Inhouse-Vergaben von der Ausschreibungspflicht und den vergaberechtlichen Anforderungen anerkannt ist. Wie der Europäische Gerichtshof entschieden hat, ist eine Ausschreibung entbehrlich, wenn – erstens – die vergebende öffentliche Stelle über die beauftragte juristische Person eine Kontrolle wie über eine eigene Dienststelle ausübt und – zweitens – die juristische Person ihre Tätigkeit im Wesentlichen nur für ihren staatlichen Anteilseigner ausübt.[54] Diese Grundsätze gelten grundsätzlich – was aus ihrer Ableitung aus dem primären Unionsrecht folgt – nicht nur für die Vergabe von Waren- und Dienstleistungsaufträgen, sondern entsprechend auch für die Vergabe von Dienstleistungskonzessionen.[55] Sie müssen auf diese wohl erst recht

---

[52] Vgl. *Bundeskartellamt/Bundesnetzagentur*, Gemeinsamer Leitfaden, Tz. 15; *Templin*, IR 2009, 101 (103); *Büdenbender*, DVBl. 2012, 1530 (1531).
[53] Vgl. OVG NRW, B. v. 10. Febr. 2012, 11 B 1187/11, Tz. 35 f. (zitiert nach juris) = NVwZ-RR 2012, 415 (416); *Schau*, RdE 2011, 1 (3).
[54] Vgl. nur die grundlegenden Entscheidungen EuGH, Urt. v. 18. Nov. 1999, Rs. C-26/03, Slg. 1999, I-8121, Tz. 50 – Teckal; Urt. v. 11. Jan. 2005, Rs. C-26/03, Slg. 2005, I-1, Tz. 49 – Stadt Halle.
[55] Vgl. EuGH, Urt. v. 13. Okt. 2005, Rs. C-458/03, Slg 2005, I-8585, Tz. 61 f. – Parking Brixen; Urt. v. 13. Nov. 2008, Rs. C-324/07, Slg. 2008, I-8457, Tz. 26 – Coditel Brabant.

B. Vorgaben des höherrangigen/vorrangig anwendbaren Rechts

Anwendung finden, da doch das sekundärrechtlich ausgeformte förmliche Vergaberecht grundsätzlich strenger ist als das nicht in dieser Weise förmlich ausgestaltete Recht der Vergabe von Dienstleistungskonzessionen. Sie sind deshalb auch auf die Vergabe von Strom- und Gaskonzessionsverträgen anzuwenden. Mit Recht hat das Verwaltungsgericht Oldenburg[56] angenommen, dass die für die förmliche Vergabe von öffentlichen Aufträgen geltende Privilegierung der Inhouse-Vergabe erst recht gelten müsse, wenn eine Gemeinde einen Strom- oder Gaskonzessionsvertrag an ein von ihr wie eine unterstellte Behörde beherrschtes Unternehmen, also namentlich ein in ihrem Eigentum stehendes Stadtwerk vergeben will.

Die Übertragbarkeit der Rechtsprechung des Europäischen Gerichtshofs zu den sog. Inhouse-Vergaben auf das Verfahren zur Vergabe von Dienstleistungskonzessionen und insbesondere von Strom- und Gaskonzessionsverträgen wird gleichwohl bestritten. Dabei geht es nicht primär um das erste Kriterium der Beherrschung wie eine eigene Behörde,[57] das insoweit keine spezifischen Probleme aufwirft und deshalb hier nicht näher untersucht werden soll. In Frage gestellt wird vielmehr das zweite Kriterium, wonach die Tätigkeit im Wesentlichen für den öffentlichen Auftraggeber erbracht werden muss. Eingewandt wird insofern, eine Freistellung nach den Grundsätzen der Inhouse-Vergabe komme hier nicht in Betracht, weil diese voraussetze, dass der Auftragnehmer seine Tätigkeit im Wesentlichen nur für den (kommunalen) Auftraggeber ausführt; hier aber sei es so, dass der Konzessionsnehmer, d.h. der örtliche Netzbetreiber seine Tätigkeit quantitativ und qualitativ ganz überwiegend gerade nicht für die Kommune, sondern für die Energienachfrager in der Gemeinde erbringe.[58] Dieser Einwand geht jedoch fehl. Er beruht auf einer in sich unstimmigen, fehlerhaften Argumentation, die mit der vorausliegenden Begründung dafür, dass die aus den Grundfreiheiten und dem Diskriminierungsverbot folgenden Anforderungen überhaupt grundsätzlich Anwendung finden, in Widerspruch steht. Das Vorliegen einer diesen Anforderungen unterfallenden Dienstleistungskonzession wird – zutreffend – mit dem Argument begründet, der Umstand, dass

---

[56] VG Oldenburg, B. v. 17. Juli 2012, 1 B 3594/12, insbes. Rz. 96 (zitiert nach juris) = ZNER 2012, 541 (544 f.); ebenso *Thomale/Kießling*, N&R 2008, 166 (171 f.); *Haupt/Slawinski*, IR 2012, 122 (122); *Büttner/Templin*, ZNER 2011, 121 (123); *Hoch/Theobald*, KSzW 2011, 300 (304 f.).

[57] Zur Unzulässigkeit einer ausschreibungsfreien Inhouse-Vergabe wegen mangelnder Kontrolle der eine Dienstleistungskonzession vergebenden öffentlichen Stelle über die konzessionsnehmende Stelle vgl. exemplarisch EuGH, Urt. v. 13. Okt. 2005, Rs. C-458/03, Slg 2005, I-8585, Tz. 67 ff. – Parking Brixen.

[58] OLG Schleswig, Urt. v. 22. Nov. 2012, 16 U (Kart) 22/12, Tz. 162 (zitiert nach juris) = EnWZ 2013, 84 (88); *Büdenbender*, Materiellrechtliche Entscheidungskriterien, S. 79.

II. Beschränkende unionsrechtliche sowie grundgesetzliche Vorgaben 19

der Konzessionsinhaber wirtschaftlich gegenüber einer Vielzahl von Dritten tätig werde, sei unschädlich; ausschlaggebend sei, dass der Konzessionsinhaber seine Dienstleistung im öffentlichen Interesse der konzessionsvergebenden Gemeinde erbringe.[59] Entsprechend liegt auch der Grund für die Anwendung der primärrechtlichen Grundsätze auf die Vergabe von Strom- bzw. Gaskonzessionen darin, dass der Netzbetreiber seine Dienstleistung im öffentlichen Interesse der Gemeinde, die als für die Energieversorgung der Bürger verantwortlich angesehen wird,[60] erbringt; auch insoweit bleibt unbeachtlich, dass das netzbetreibende Unternehmen wirtschaftlich gegenüber einer Vielzahl von netznutzenden Unternehmen und Kunden tätig wird. Wenn aber für die Anwendung von Diskriminierungsverbot und Transparenzgebot nicht die Ebene der Leistungsbeziehungen zwischen Konzessionsinhaber und einzelnen Kunden, sondern die Ebene der Beziehung zwischen konzessionierender Gemeinde und konzessioniertem Unternehmen maßgeblich ist, muss das auch gelten für das Vorliegen der Inhouse-Ausnahme, die von diesen primärrechtlichen Ge- und Verboten dispensiert. Für das Vorliegen einer Inhouse-Vergabe von Konzessionen kann es deshalb allein darauf ankommen, ob das konzessionierte Unternehmen seine gegenüber der vergebenden Gemeinde zu erbringende Dienstleistung im Wesentlichen nur für diese erbringt, also nicht auch für andere Gemeinden oder eventuelle sonstige Auftraggeber.[61] Danach mag eine ausschreibungsfreie Vergabe ausscheiden, wenn ein kommunaler Netzbetreiber sich auch um ein weiteres Konzessionsgebiet bewirbt.[62] Jedenfalls für solche kommunalen Netzbetreiber, die nur für ihre eigene Gemeinde den Netzbetrieb anbieten, aber ist das Inhouse-Privileg anzunehmen.

Auch das Argument, die Grundsätze der Inhouse-Vergabe könnten dann nicht zur Anwendung kommen, wenn die Konzessionsvergabe nicht an ein bereits bestehendes eigenes Unternehmen erfolge, sondern dieses erst im Moment der Rechtevergabe als ein neues Unternehmen auftrete,[63] geht fehl. Denn selbstverständlich ist es auch in dieser Situation einer sog. Rekommunalisierung so, dass „eine öffentliche Stelle ihre

---

[59] Vgl. EuGH, Urt. v. 18. Jan. 2007, Rs. C-220/05, Slg. 2007, I-385, Tz. 42 – Auroux/Roanne; vgl. zustimmend dazu *Säcker/Mohr/Wolf*, Konzessionsverträge, S. 37.
[60] Vgl. BGH, RdE 1986, 115 (116); RdE 1986, 118 (120); BGHZ 119, 101 (105), wonach die Gemeinde sich mit dem Konzessionsvertrag ggf. der ihr im Rahmen der Daseinsvorsorge obliegenden Aufgabe einer ordentlichen und gesicherten Energieversorgung durch Übertragung auf ein privates Unternehmen entledigt.
[61] Vgl. auch *Thomale/Kießling*, N&R 2008, 166 (172), die als „Drittgeschäft" die Umsätze einstufen, die nicht auf der Konzession beruhen und/oder in einem fremden Gemeindegebiet generiert werden.
[62] Vgl. *Säcker/Mohr/Wolf*, Konzessionsverträge, S. 111 f.
[63] OLG Schleswig, Urt. v. 22. Nov. 2012, 16 U (Kart) 22/12, Tz. 162 (zitiert nach juris) = EnWZ 2013, 84 (88).

im allgemeinen Interesse liegenden Aufgaben mit ihren eigenen administrativen, technischen und sonstigen Mitteln erfüllt, ohne sich an externe Einrichtungen zu wenden".[64] Die Grundsätze der Inhouse-Vergabe differenzieren nicht danach, ob eine Gemeinde sich eines bereits bestehenden oder eines für diesen Zweck neubegründeten eigenen Unternehmens bedient. Entscheidend ist allein, dass zugunsten der Gemeinde die Selbstwahrnehmung einer Aufgabe, die damit für den wirtschaftlichen Wettbewerb gerade nicht freigeben werden soll, von Ausschreibungspflichten und Vergabegrundsätzen freigestellt wird.

Sofern ein – bestehendes oder neu zu begründendes, auch rechtlich selbständiges – eigenes Unternehmen der Gemeinde die Konzessionierung erhalten soll, unterfällt dieser Vorgang somit den unionsrechtlichen Grundsätzen der Inhouse-Vergabe.[65] In Entsprechung zur Rechtsprechung des Europäischen Gerichtshofs zur Vergabe öffentlicher Aufträge sind in solchen Fällen eine – ansonsten nach den Grundfreiheiten und dem Diskriminierungsverbot erforderliche – Ausschreibung des Konzessionsvertrages und ein förmliches Auswahlverfahren unionsrechtlich nicht geboten, sofern dieses gemeindliche Unternehmen seine netzbetreibende Tätigkeit (im Wesentlichen) nur für die fragliche Gemeinde und nicht auch im Wettbewerb mit anderen netzbetreibenden Energieversorgungsunternehmen auch in sonstigen Gemeindegebieten ausübt.

2. Verfassungsrecht: Art. 3 Abs. 1 GG

Wohl unbestritten ist, dass die Gemeinde bei ihrer Entscheidung über die Vergabe von Strom- und Gaskonzessionen an den allgemeinen Gleichheitssatz des Art. 3 Abs. 1 GG gebunden ist.[66] Diese Annahme lässt sich darauf stützen, dass das Bundesverfassungsgericht diese Bindung staatlicher Stellen ausdrücklich für die Vergabe öffentlicher Aufträge[67] und überhaupt für die Gestaltung von Vertragsbeziehungen[68] bejaht hat. Sie ist dann erst recht überzeugend und zwingend, wenn man –

---

[64] So OLG Schleswig, Urt. v. 22. Nov. 2012, 16 U (Kart) 22/12, Tz. 162 (zitiert nach juris) = EnWZ 2013, 84 (88), zu der Situation, in der nach den Grundsätzen der Inhouse-Vergabe eine Ausschreibungspflicht entfällt.

[65] Vgl. auch *Säcker/Mohr/Wolf*, Konzessionsverträge, S. 122.

[66] Vgl. etwa OLG Düsseldorf, RdE 2008, 287 (288); *Byok*, RdE 2008, 268 (271 f.); *Thomale/Kießling*, N&R 2008, 166 (172); *Hellermann*, in: Britz/Hellermann/Hermes (Hrsg.), EnWG, § 46 Rn. 66b.

[67] BVerfGE 116, 135 (153).

[68] BVerfGE 128, 226 (249), zur Grundrechtsbindung öffentlich beherrschter Unternehmen, die vor allem als „Verpflichtung zu rechtsstaatlicher Neutralität bei der Gestaltung ihrer Vertragsbeziehungen" praktisch bedeutsam werde und ihnen untersage, „ihre wirtschaftliche Tätigkeit nach Belieben mit subjektiv weltanschaulichen Präferenzen oder Zielsetzungen und hierauf beruhenden Differenzierungen zu verbinden".

II. Beschränkende unionsrechtliche sowie grundgesetzliche Vorgaben 21

mit der hier vertretenen Auffassung – im Abschluss von Konzessionsverträgen kein privatwirtschaftliches oder unternehmerisches Handeln auf der Grundlage privatrechtlichen Eigentums, sondern die Wahrnehmung eines kommunalen Selbstverwaltungsaufgabe und somit ein (schlicht-)hoheitliches (privatverwaltungsrechtliches) Handeln sieht.[69] Für die hoheitliche Aufgabenwahrnehmung ist die Grundrechtsbindung nach Art. 1 Abs. 3 GG, hier die Bindung an den zumindest vornehmlich in Betracht kommenden Art. 3 Abs. 1 GG nicht bestreitbar. Für die Auswahlentscheidung der Gemeinde folgt daraus nach dem grundlegenden Willkürverbot, dass sie nicht willkürlich sein darf, sondern auf sachlich einleuchtenden Gründen beruhen muss.

---

[69] Vgl. oben B. I. 2. a) bb).

C. Die Ausgestaltung im nationalen Gesetzesrecht im Lichte der Vorgaben des höherrangigen/vorrangig anwendbaren Rechts

Im Lichte dieser Vorgaben des Unions- und des Verfassungsrechts sollen nunmehr die einfachrechtlichen Vorgaben für die Auswahlentscheidung der Gemeinde bei der Vergabe von Strom- und Gaskonzessionen untersucht werden. Im Vordergrund steht dabei die spezielle energiewirtschaftsrechtliche Bestimmung des § 46 EnWG (I.). Ergänzend und knapper sind auch §§ 19, 20 GWB in den Blick zu nehmen (II.).

I. § 46 EnWG

Die einschlägige energiewirtschaftsrechtliche Bestimmung des § 46 Abs. 2 bis 4 EnWG soll im Folgenden daraufhin untersucht werden, welche Einschränkung der gemeindlichen Spielräume bei der Konzessionsvergabe sich hieraus – auch im Lichte der höherrangigen/vorrangig anwendbaren Vorgaben – ergeben bzw. welche Spielräume sie der Gemeinde lässt.

1. Verfahrensrechtliche Anforderungen

a) Grundsätzliche Verpflichtung zu Bekanntmachung und Auswahlverfahren

§ 46 Abs. 3 EnWG stellt zunächst einzelne verfahrensrechtliche Anforderungen auf. Nach § 46 Abs. 3 S. 1 EnWG ist spätestens zwei Jahre vor dem Ende der Laufzeit eines Konzessionsvertrages das Vertragsende öffentlich bekanntzumachen. Weitergehende, nähere Anforderungen insbesondere zur Durchführung eines förmlichen Auswahlverfahrens formuliert § 46 Abs. 3 S. 1 EnWG selbst nicht.[70] Allenfalls dass überhaupt eine Auswahl stattzufinden und die Gemeinde sich der maßgeblichen Gründe ihrer Auswahl zu vergewissern hat, wenn sich mehrere Un-

---

[70] So zutreffend VG Oldenburg, B. v. 17. Juli 2012, 1 B 3594/12, Tz. 86 („Danach ist zunächst festzuhalten, dass die Regelungen des Abs. 2 – 4 EnWG nicht die Durchführung eines förmlichen Auswahlverfahrens anordnen."), 102 (zitiert nach juris) = ZNER 2012, 541 (543, 545); vgl. auch *Salje*, Energiewirtschaftsgesetz, § 46 Rn. 144: „keine sonstigen formellen oder gar materiellen Kriterien"; *Hoch/Theobald*, KSzW 2011, 300 (304).

ternehmen bewerben, ist dem Umstand, dass die Gemeinde in diesem Fall zur öffentlichen Bekanntmachung der maßgeblichen Gründe ihrer Entscheidung verpflichtet ist (§ 46 Abs. 3 S. 6 EnWG), zu entnehmen. Die Verpflichtung zur Durchführung eines bestimmten, weitergehenden Anforderungen genügenden Auswahlverfahrens wird aber aus den für die Vergabe von Dienstleistungskonzessionen geltenden, auch hier anwendbaren unionsrechtlichen Grundsätzen der Transparenz und Diskriminierungsfreiheit hergeleitet. Grundsätzlich wird zu Recht angenommen, dass die auf die Grundfreiheiten und das Diskriminierungsverbot gestützten, zur Vergabe von Dienstleistungskonzessionen entwickelten unionsrechtlichen Anforderungen bei Strom- und Gaskonzessionsverträgen über die in § 46 Abs. 3 S. 1 EnWG ausdrücklich geforderte Bekanntmachung hinaus auch die Durchführung eines transparenten, nicht diskriminierenden Auswahlverfahrens verlangen.[71]

b) Bekanntmachung und Auswahlverfahren bei Konzessionsvergabe an ein gemeindeeigenes Unternehmen?

Es bleibt jedoch zu fragen, inwieweit und mit welchen Rechtsfolgen das auch gilt, wenn eine Gemeinde keine Vergabe an ein fremdes Unternehmen, sondern eine Vergabe an ein eigenes (rechtlich unselbständiges oder rechtlich selbständiges, aber von ihr beherrschtes) Unternehmen, also eine „Inhouse-Vergabe" beabsichtigt.

aa) Bekanntmachung des bevorstehenden Vertragsendes

Die Bekanntmachung des bevorstehenden Vertragsendes schreibt § 46 Abs. 3 S. 1 EnWG schon seinem Wortlaut nach unbedingt vor, ohne Spielraum für eine Ausnahme im Falle der (beabsichtigten) Inhouse-Vergabe zu geben.[72] Dieser Befund wird bestätigt durch § 46 Abs. 4 EnWG, der anordnet, dass § 46 Abs. 2 und 3 EnWG auch für Eigenbetriebe der Gemeinde entsprechende Anwendung findet. Die Annahme, § 46 Abs. 4 EnWG richte sich lediglich an Eigenbetriebe als Konzessionsgeber, nicht hingegen an Eigenbetriebe als Konzessionsnehmer, so dass bei einer Vergabe durch eine Gemeinde an einen (eigenen) Eigenbetrieb § 46 Abs. 2 und 3 EnWG keine Anwendung finde,[73] überzeugt

---

[71] Vgl. dazu oben unter B. II. 1. b) aa) sowie OVG NRW, B. v. 10. Febr. 2012, 11 B 1187/11, Tz. 33 (zitiert nach juris) = NVwZ-RR 2012, 415 (416); *Scholtka/Baumann*, N&R 2010, 1 (5); *Schau*, RdE 2011, 1 (3); *Meyer-Hetling/Templin*, ZNER 2012, 18 (19); *Höch*, RdE 2013, 60 (60).

[72] Insoweit, aber auch nur insoweit ist die Annahme von *Schwensfeier*, in: Kermel (Hrsg.), Konzessionsverträge und Konzessionsabgaben, Kap. 5 Rn. 146, die Grundsätze der Inhouse-Rechtsprechung des EuGH seien auf § 46 Abs. 2 und 3 EnWG nicht übertragbar, zutreffend.

[73] Vgl. etwa *Haupt/Slawinski*, IR 2012, 122 (123).

nicht. Vielmehr bekräftigt § 46 Abs. 4 EnWG, dass die nach § 46 Abs. 2 und 3 EnWG allgemein für die Konzessionsvertragsvergabe geltenden Regelungen, also auch die Bekanntmachungspflicht des § 46 Abs. 3 S. 1 EnWG, auch für die Konzessionierung von Eigenbetrieben gelten.

Die somit in jedem Falle anzunehmende gesetzliche Verpflichtung zur öffentlichen Bekanntmachung des Vertragsendes ist auch verfassungsrechtlich unbedenklich.[74] Zwar tangiert auch eine solche gesetzliche Verpflichtung die Gemeinde in ihrem durch Art. 28 Abs. 2 GG gewährleisteten Recht zur eigenverantwortlichen Regelung der Angelegenheiten des örtlichen Wirkungskreises. Die bloß verfahrensrechtliche Verpflichtung der Gemeinde, auch vor einer favorisierten Konzessionsvergabe an ein eigenes Unternehmen durch Bekanntmachung anderen Unternehmen Gelegenheit zur Bewerbung zu geben und eine Inhouse-Vergabe nur in Kenntnis eventuell eingegangener anderer Bewerbungen vorzunehmen, erscheint jedoch von hinreichenden sachlichen Gründen getragen und gerechtfertigt.

bb) Förmliches Auswahlverfahren?

Näherer Prüfung bedarf jedoch die – in den einschlägigen Stellungnahmen regelmäßig übergangene[75] – Frage, ob über die ausdrücklich vorgeschriebene Bekanntmachung hinaus auch die Durchführung eines förmlichen, den verfahrensmäßigen Anforderungen an Transparenz und Nichtdiskriminierung genügenden Auswahlverfahrens geboten ist, wenn die Gemeinde die Konzessionsvergabe an ein eigenes Unternehmen beabsichtigt.

§ 46 Abs. 3 EnWG verlangt aus sich heraus – wie soeben dargelegt – über die explizit geforderte Bekanntmachung hinaus schon allgemein nicht die Durchführung eines förmlichen Auswahlverfahrens. Aus dem Zweck des § 46 Abs. 3 EnWG, einen Wettbewerb um das Netz zu eröffnen, und aus § 46 Abs. 3 S. 6 EnWG, der im Falle mehrerer Bewerbungen die öffentliche Bekanntmachung der maßgeblichen Gründe der Auswahlentscheidung verlangt, ist jedenfalls nicht mehr herzuleiten, als dass eine Auswahl, in der die Gemeinde sich der tragenden Gründe ihrer Entscheidung vergewissert, durchgeführt werden muss.

Die darüber hinausgehende Verpflichtung zur Durchführung eines den unionsrechtlichen Nichtdiskriminierungs- und Transparenzanforde-

---

[74] Zu pauschal, nicht zwischen der ausdrücklichen gesetzlichen Bekanntmachungspflicht und einem Verbot der Inhouse-Vergabe diffenzierend, insoweit die Annahme von Verfassungswidrigkeit bei *Haupt/Slawinski*, IR 2012, 122 (125).
[75] Vgl. etwa *Schwensfeier*, in: Kermel (Hrsg.), Konzessionsverträge und Konzessionsabgaben, Kap. 5 Rn. 1145 ff.

rungen genügenden Auswahlverfahrens wird im allgemeinen aus den Grundsätzen des Unionsrechts zur Vergabe von Dienstleistungskonzessionen hergeleitet. Da nach diesen Grundsätzen Inhouse-Vergaben aber gerade kein solches förmliches Auswahlverfahren voraussetzen,[76] besteht im Ergebnis keine Verpflichtung zu dessen Durchführung im Falle der Konzessionsvergabe an ein gemeindeeigenes Unternehmen.

Entgegen der Annahme des Oberlandesgerichts Düsseldorf lässt sich ein Ausschluss dieses unionsrechtlichen Inhouse-Privilegs auch nicht aus § 46 Abs. 4 EnWG folgern; das Gericht erkennt zutreffend an, dass aus unionsrechtlichen Vorgaben kein Verbot der bevorzugten Inhouse-Vergabe folgt, meint aber, dass der nationale Gesetzgeber zulässigerweise eine weitergehende Regelung zugunsten des Wettbewerbs geschaffen habe, indem er durch § 46 Abs. 4 EnWG eine Inhouse-Vergabe ausgeschlossen habe.[77] Der Zuschreibung dieses Regelungszwecks steht freilich schon entgegen, dass § 46 Abs. 4 EnWG seinem Wortlaut und seinem Zweck nach gar nicht alle Inhouse-Vergaben erfasst, denn Konzessionsverträge mit rechtlich selbständigen gemeindlichen Eigengesellschaften unterfallen unmittelbar § 46 Abs. 2 und 3 EnWG.[78] § 46 Abs. 4 EnWG hat seine Funktion darin, die Vorgaben von § 46 Abs. 2 und 3 EnWG auch auf jene Fälle zu erstrecken, in denen keine Vergabe des Netzbetriebs durch Konzessionsvertrag erfolgt, sondern die Gemeinde diesen selbst, insbesondere durch einen Eigenbetrieb, vornehmen will;[79] für eine Regelung dieses Inhalts besteht ein Regelungsbedürfnis, weil § 46 Abs. 2 und 3 EnWG ausdrücklich auf *Konzessionsverträge* Bezug nimmt, so dass die Bekanntmachungspflichten des § 46 Abs. 3 S. 1 und 6 EnWG nur kraft Anordnung entsprechender Anwendung hier gelten.[80] § 46 Abs. 4 EnWG erweitert insofern den Anwendungsbereich der in § 46 Abs. 3 EnWG niedergelegten Regelungen und will damit verhindern, dass der von § 46 Abs. 2 und 3 EnWG verfolgte Zweck im Falle der Übernahme des Ver-

---

[76] Vgl. oben unter B. II. 1. b) bb).
[77] So OLG Düsseldorf, B. v. 9. Jan. 2013, VII-Verg 26/12, Tz.. 75 ff. (zitiert nach juris; nur teilweise abgedruckt in EnWZ 2013, 125 [127]). Vgl. *Herten-Koch*, in: Kermel (Hrsg.), Konzessionsverträge und Konzessionsabgaben, Kap. 5 Rn. 68.
[78] *Salje*, Energiewirtschaftsgesetz, § 46 Rn. 172; *Hellermann*, in: Britz/Hellermann/Hermes (Hrsg.), EnWG, § 46 Rn. 85; *Wegner*, in: Säcker (Hrsg.), Berliner Kommentar, § 46 Rn. 132; *Schwensfeier*, in: Kermel (Hrsg.), Konzessionsverträge und Konzessionsabgaben, Kap. 5 Rn. 147. Unzutreffend daher die Annahme von OLG Düsseldorf, B. v. 9. Jan. 2013, VII-Verg 26/12, Tz. 79 (zitiert nach juris) = EnWZ 2013, 125 (128), § 46 Abs. 4 EnWG betreffe auch den Konzessionsvertragsschluss mit einer kommunalen Eigengesellschaft.
[79] So auch *Salje*, Energiewirtschaftsgesetz, § 46 Rn. 173.
[80] Vgl. auch *Schwensfeier*, in: Kermel (Hrsg.), Konzessionsverträge und Konzessionsabgaben, Kap. 5 Rn. 146.

teilnetzbetriebs durch die Gemeinde selbst bzw. ihren Eigenbetrieb unterlaufen wird.[81] Dafür, dass er den Regelungszweck namentlich von § 46 Abs. 3 EnWG mit Blick auf Inhouse-Vergaben inhaltlich anreichern und mit Blick auf die Vergabe an Eigenbetriebe verschärfen wollte, gibt es keinen Anhalt, insbesondere auch nicht aus der Entstehungsgeschichte.[82]

Im Ergebnis ist deshalb eine Gemeinde, die ein gemeindeeigenes Unternehmen konzessionieren will, zwar gehalten, die ausdrücklichen Bekanntmachungspflichten des § 46 Abs. 3 EnWG einzuhalten, nicht aber, darüber hinausgehend ein förmliches, den unionsrechtlich begründeten Anforderungen genügendes Auswahlverfahren durchzuführen. Die Nichtdurchführung eines solchen Verfahrens oder die Nichteinhaltung der hierfür ansonsten geltenden Anforderungen, z.B. im Hinblick auf die Einhaltung der anfänglich festgelegten und mitgeteilten Kriterien, kann danach die Rechtswidrigkeit der Vergabeentscheidung und die Nichtigkeit der Konzessionierung nicht begründen.

2. Materiellrechtliche Anforderungen

Mit dem Inkrafttreten von § 13 Abs. 2 ff. EnWG 1998 bzw. § 46 Abs. 2 ff. EnWG 2005 ist die gemeindliche Auswahlentscheidung zunächst lediglich den soeben erörterten verfahrensrechtlichen Vorgaben unterworfen worden. Der Gesetzgeber hat damit zwar die Erwartung verbunden, dass die dadurch bewirkte Transparenz zugleich auch rationale Entscheidungen befördern werde.[83] Diese gesetzgeberische Erwartung an die Wirkung von Verfahrensvorschriften erlaubt es jedoch – entgegen einer vereinzelt geäußerten Auffassung[84] – nicht, hieraus materiellrechtliche Anforderungen an die kommunale Entscheidung abzuleiten.[85] So ist zunächst im Einklang mit den Gesetzentwurfsbegründungen[86] wohl einhellig angenommen worden, dass der den Gemeinden

---

[81] So zu Recht auch *Theobald*, DÖV 2009, 356 (357); *Wegner*, in: Säcker (Hrsg.), Berliner Kommentar, § 46 Rn. 132.
[82] So aber zu Unrecht OLG Düsseldorf, B. v. 9. Jan. 2013, VII-Verg 26/12, Tz. 75 ff. (zitiert nach juris; nur teilweise abgedruckt in EnWZ 2013, 125 [127]).
[83] Vgl. BT-Drs. 13/7274, S. 21.
[84] Vgl. etwa, freilich ohne zureichende Begründung, OLG Schleswig, Urt. v. 22. Nov. 2012, 16 U (Kart) 21/12, Tz. 97 (zitiert nach juris) = EnWZ 2013, 76 (78): „Argumente für eine Verpflichtung der Gemeinde auf insbesondere energiewirtschaftliche Kriterien lassen sich auch aus dem in § 46 Abs. 3 EnWG vorgeschriebenen Verfahren gewinnen."
[85] So auch mit eingehender Begründung, i.Erg. überzeugend *Büdenbender*, Materiellrechtliche Entscheidungskriterien, S. 51 ff.
[86] Vgl. BT-Drs. 13/72714, S. 21; BT-Drs. 15/3917, S. 67.

eröffnete Entscheidungsspielraum inhaltlich nicht eingeschränkt worden ist.[87]

Dabei ist zugrunde gelegt, dass die Konzessionsvergabe durch die Gemeinde nicht vollkommen beliebig, sondern willkürfrei, auf Grund sachlicher Erwägungen zu erfolgen hat. Das folgt bereits aus Vorgaben höherrangigen Rechts, nämlich aus der Bindung an Art. 3 Abs. 1 GG.[88] Nichts anderes ergibt sich, wenn man die Gemeinde auch energiewirtschaftsrechtlich zur diskriminierungsfreien Konzessionsvergabe verpflichtet sieht. In diesem Sinne wird vorgebracht, die Verpflichtung zur diskriminierungsfreien Vergabe von Wegenutzungsrechten nach § 46 Abs. 1 S. 1 EnWG sei nicht nur auf die Vergabe einfacher Wegenutzungsrechte, sondern auch auf die Vergabe von Konzessionsverträgen i.S.v. § 46 Abs. 2 EnWG anzuwenden, da § 46 Abs. 2 EnWG nicht als abschließende Sonderregelung zu qualifizieren sei.[89] Aber auch wenn § 46 Abs. 2 EnWG nicht als *abschließende* Sonderregelung angesehen wird,[90] ist doch § 46 Abs. 2 EnWG als spezielle Norm vorrangig zu beachten, soweit rechtliche und tatsächliche Besonderheiten des Konzessionsvertrags dies verlangen. Das gilt auch mit Blick auf das Gebot diskriminierungsfreier Wegerechtsvergabe. Denn während die Vergabe von Wegerechten für Direktleitungen nach § 46 Abs. 1 EnWG ggf. diskriminierungsfrei auch an mehrere Petenten zu erfolgen hat, kann die in § 46 Abs. 2 ff. EnWG geregelte Wegerechtsvergabe für ein örtliches Verteilnetz wegen dessen Eigenschaft als natürliches Monopol nur an einen Interessenten erfolgen. Die Wirkung des Diskriminierungsverbots aus § 46 Abs. 1 S. 1 EnWG erschöpft sich deshalb auch hier zunächst in einer

---

[87] VG Oldenburg, B. v. 17. Juli 2012, 1 B 3594/12, insbes. Tz. 92 (zitiert nach juris) = ZNER 2012, 541 (544); *Pippke/Gassner*, RdE 2006, 33 (37); *Byok*, RdE 2008, 268 (271 f.); *Templin*, Recht der Konzessionsverträge, S. 135, 357 ff.; *Hellermann*, in: Britz/Hellermann/Hermes (Hrsg.), EnWG, § 46 Rn. 66c; *Wegner*, in: Säcker (Hrsg.), Berliner Kommentar, § 46 Rn. 114; *Albrecht*, in: Schneider/Theobald (Hrsg.), Recht der Energiewirtschaft, § 9 Rn. 78, 82; *Scholtka/Helmes*, NJW 2011, 3185 (3190). Die bis heute geltende Maßgeblichkeit der gesetzgeberischen Absicht, „keine sachlichen Anforderungen an die kommunale Entscheidung jenseits der formalen Vorgaben" aufzustellen, anerkennt bemerkenswerterweise auch *Büdenbender*, Materiellrechtliche Entscheidungskriterien, S. 52, ohne diesem Befund freilich im Weiteren hinreichend Rechnung zu tragen.
[88] Vgl. oben unter B. II. 2.
[89] OLG Schleswig, Urt. v. 22. Nov. 2012, 16 U (Kart) 22/12, Tz. 116 (zitiert nach juris; insoweit nicht abgedruckt in EnWZ 2013, 84); *Säcker/Mohr/Wolf*, Konzessionsverträge, S. 46; *Büdenbender*, Materiellrechtliche Entscheidungskriterien, S. 40 ff. (m.w.N. zum streitigen Meinungsstand); *ders.*, DVBl. 2012, 1530 (1534 f.); *Herten-Koch*, in: Kermel (Hrsg.), Konzessionsverträge und Konzessionsabgaben, Kap. 5 Rn. 61.
[90] Dafür spricht die – soweit ersichtlich unbestrittene – Anwendbarkeit von § 46 Abs. 1 S. 2 EnWG auch auf Konzessionsverträge; so zu Recht *Büdenbender*, Materiellrechtliche Entscheidungskriterien, S. 43 f.

„Pflicht der Gemeinde, eine sachgerechte Auswahlentscheidung im Falle mehrerer Netzbetriebsinteressenten vorzunehmen".[91]
Streitig wird die materiellrechtliche Bindung der Gemeinde dadurch, dass in der jüngeren Spruchpraxis und Literatur der Versuch unternommen wird, die für eine diskriminierungsfreie Auswahlentscheidung bei der Konzessionsvergabe zulässigen sachgerechten Gründe weiter einzuengen. Diesen Ansätzen zu einer Verengung gemeindlicher Auswahlfreiheit soll im Folgenden nachgegangen werden.

a) Beschränkung auf netzbezogene Kriterien?

Auch bereits vor dem Inkrafttreten des § 46 Abs. 3 S. 5 EnWG und unabhängig von diesem ist unter der Geltung des EnWG 2005 angenommen worden, dass die Gemeinde ihrer Auswahlentscheidung allein netzbezogene Kriterien zugrunde legen dürfe.[92] Diese Annahme geht zunächst – schon mit Blick auf Art. 3 Abs. 1 GG – richtig davon aus, dass die Kommunen – anders als private Unternehmen, die jedenfalls grundsätzlich ihre Gründe für die Vertragspartnerwahl nicht offenlegen müssen und auch sachfremde Erwägungen zugrunde legen dürfen – die Wahl ihres Vertragspartners auf sachlich einleuchtende Gründe stützen müssen.[93] Sie geht weiter insbesondere auf Grund der Entflechtungsvorschriften (§§ 6 ff. EnWG) und des in § 46 Abs. 2 S. 1 EnWG definierten zulässigen Gegenstands des Konzessionsvertrags davon aus, dass das EnWG streng zwischen Netzbetrieb einerseits und Energieerzeugung und -lieferung andererseits unterscheidet. Die entscheidende Frage ist jedoch, ob deshalb nur solche Gründe sachlich einleuchtende Gründe sind, die netzbezogene Gründe sind.

In einer engen, negativ ausgrenzenden Bedeutung ist der These vom notwendigen Netzbezug der Auswahlkriterien nicht zu widersprechen. Denn die Annahme, dass alle mit dem Vertragsgegenstand nicht vereinbaren Entscheidungskriterien, Motive oder Ziele, da sie vom Vertragspartner gar nicht verfolgt werden könnten, unzulässig sind,[94] ist im Ausgangspunkt zutreffend. Die Zugrundelegung von Kriterien, die der Bewerber gar nicht erfüllen kann bzw. darf, z.B. das Abhängigmachen der Auswahlentscheidung von explizit erzeugungs- oder vertriebsbezo-

---

[91] *Büdenbender*, Materiellrechtliche Entscheidungskriterien, S. 43.
[92] Vgl. etwa *Bundeskartellamt/Bundesnetzagentur*, Gemeinsamer Leitfaden, Tz. 23: „Zulässige Auswahlkriterien müssen einen sachlichen Bezug zur Konzession oder zum Netz aufweisen ..."; *Büdenbender*, Materiellrechtliche Entscheidungskriterien, S. 35; ähnlich *Schwensfeier*, in: Kermel (Hrsg.), Konzessionsverträge und Konzessionsabgaben, Kap. 5 Rn. 154 („Bezug zum Gegenstand des Konzessionsvertrages"), 157 ff.; *Höch*, RdE 2013, 60 (61).
[93] *Büdenbender*, Materiellrechtliche Entscheidungskriterien, S. 33.
[94] *Büdenbender*, Materiellrechtliche Entscheidungskriterien, S. 35.

genen Zusagen,[95] wäre in der Tat nicht sachgerecht und daher auch mit Art. 3 Abs. 1 GG nicht zu vereinbaren.

Die These von der notwendigen Netzbezogenheit der Auswahlkriterien erhebt jedoch einen weitergehenden Anspruch; es wird eine strenge Netzbezogenheit der Auswahlkriterien gefordert und die Unzulässigkeit von Kriterien postuliert, die diesen strengen Netzbezug nicht aufweisen, ohne dass sie mit der durch das EnWG vorgegebenen Trennung des Netzbetriebs von Energieerzeugung und -lieferung unvereinbar wären. In diesem Sinne werden etwa Kriterien wie die Schaffung oder Sicherung von Arbeitsplätzen im Gemeindegebiet, die Sicherung des kommunalen Einflusses auf den Netzbetreiber oder die Erzielung von Einnahmen für den kommunalen Haushalt wegen mangelnden Netzbezugs als unzulässig angesehen. Ein solches Verständnis von Netzbezogenheit der Auswahlkriterien ist aus dem EnWG nicht herzuleiten.[96] Weder die Entflechtungsvorschriften noch § 46 Abs. 2 S. 1 EnWG verlangen eine solche Reduktion der zulässigen Kriterien. Dem für das Auswahlverfahren maßgeblichen § 46 Abs. 3 EnWG, der sich ohnehin materiellrechtlicher Vorgaben enthält, ist eine solche Einschränkung ebenfalls nicht zu entnehmen.

Die Annahme, die Auswahlkriterien müssten in diesem strengen Sinn netzbezogen sein, ist deshalb schon einfachgesetzlich nicht herzuleiten. Die Frage, ob eine solche Einschränkung des gemeindlichen Auswahlspielraums im Lichte von Art. 28 Abs. 2 GG überhaupt verfassungsrechtlich angängig wäre, erübrigt sich daher.

b) Beschränkung auf die Ziele des § 1 (Abs. 1) EnWG?

Eine weitere Einschränkung des gemeindlichen Entscheidungsspielraums nimmt die jüngere Behörden- und Gerichtspraxis dadurch vor, dass sie die Gemeinde bei ihrer Entscheidung auf die Ziele des § 1 Abs. 1 EnWG als vorrangig oder allein zulässige Kriterien verpflichtet sehen will.

aa) § 46 Abs. 3 EnWG a.F.

Schon für die ursprüngliche Fassung des § 46 Abs. 3 EnWG ist mitunter eine Pflicht der Gemeinde zur Beachtung der Ziele des EnWG, namentlich des § 1 Abs. 1 EnWG angenommen worden.

Dafür wird zunächst ein eher formales Argument vorgebracht: Die Gesetzeszweckregelung des § 1 Abs. 1 EnWG sei für die Auslegung und

---

[95] Vgl. *Büdenbender*, Materiellrechtliche Entscheidungskriterien, S. 15, 34.
[96] Vgl. etwa *Schau*, RdE 2011, 1 (3): „Solche Entscheidungsparameter können ihren Ursprung außerhalb des Konzessionsvertrages haben (Einflussmöglichkeiten auf die Energieversorgung, lokale Wertschöpfung, Arbeitsplätze etc.) oder in der konkreten inhaltlichen Ausgestaltung des Konzessionsvertrages begründet sein …".

Anwendung des EnWG insgesamt, d.h. auch für die Auslegung und Anwendung von § 1 Abs. 1 EnWG nicht ausdrücklich in Bezug nehmenden Normen heranzuziehen.[97] Daran ist zutreffend, dass in der Tat die – zudem in einer Grundsatznorm festgehaltenen – Gesetzeszwecke die Auslegung und Anwendung des Gesetzes insgesamt determinieren.[98] Dieses Gebot einer gesetzeszweckgetreuen Auslegung und Anwendung richtet sich freilich an die mit dem Gesetzesvollzug betrauten Behörden (und ggf. an die Gerichte, die diese Behördenentscheidungen zu kontrollieren haben); diese haben in ihren Entscheidungen die Konkretisierung unbestimmter Rechtsbegriffe oder die Ermessensausübung an den Gesetzeszwecken auszurichten. Die Gemeinde aber ist keine mit dem Vollzug des EnWG betraute Behörde, sondern eine Selbstverwaltungskörperschaft, deren energieversorgungsrelevante Entscheidungen sich nicht im Vollzug des EnWG erschöpfen, sondern umfassender die von ihr eigenverantwortlich zu regelnden Angelegenheiten ihres örtlichen Wirkungskreises zu beachten haben.[99] Insofern liegt dem Argument ein grundlegendes Missverständnis der Rolle der Gemeinden, die insoweit verfehlt als Energiewirtschaftsbehörden und nicht als Selbstverwaltungskörperschaften wahrgenommen werden, zugrunde.

Spezifisch und sachlich auf die gemeindliche Entscheidung nach § 46 Abs. 3 EnWG bezogen wird die Bindung der Gemeinden an die Ziele des § 1 Abs. 1 EnWG weiter begründet mit Sinn und Zweck der Vorschrift des § 46 Abs. 2 und 3 EnWG, einen Wettbewerb um die Netze zu ermöglichen.[100] Das überzeugt in der Sache nicht. Zwar ist richtig, dass die Laufzeitbegrenzung nach § 46 Abs. 2 S. 1 EnWG in Abständen eine Neuvergabe der Konzession und insoweit auch einen Wettbewerb auslösen soll.[101] Von dieser gesetzgeberischen Absicht der Öffnung des Wettbewerbs darf jedoch nicht vorschnell auf eine gesetzgeberische Vorgabe bestimmter Kriterien für die wettbewerbliche Auswahl geschlossen werden. Insoweit hat der Gesetzgeber ungeachtet der vorgenommenen Wettbewerbsöffnung gerade die Entscheidungsfreiheit der Gemeinde betont.[102] Nach § 46 Abs. 2 und 3 EnWG soll die Festlegung der Kriterien der Auswahlentscheidung nicht Sache des Energiewirt-

---

[97] OLG Schleswig, Urt. v. 22. Nov. 2012, 16 U (Kart) 21/12, Tz. 96 (zitiert nach juris) = EnWZ 2013, 76 (78); *Büdenbender*, Materiellrechtliche Entscheidungskriterien, S. 38; *ders.*, DVBl. 2012, 1530 (1533); ähnlich *Schwensfeier*, in: Kermel (Hrsg.), Konzessionsverträge und Konzessionsabgaben, Kap. 5 Rn. 143; *Höch*, RdE 2013, 60 (63).
[98] *Hellermann*, in: Britz/Hellermann/Hermes (Hrsg.), EnWG, § 1 Rn. 40.
[99] Vgl. oben unter B. I. 2. a) bb).
[100] LG Kiel, Urt. v. 3. Febr. 2012, 14 O 12/11.Kart, Tz. 78 (zitiert nach juris) = RdE 2012, 263 (264).
[101] Vgl. BT-Drs. 13/7274, S. 21.
[102] Vgl. BT-Drs. 13/7274, S. 21, bestätigt durch BT-Drs. 15/3917, S. 67.

schaftsgesetzgebers werden, sondern Sache der jeweiligen Gemeinde bleiben. Es ist deshalb unzutreffend, dass es nach dieser Gesetzeslage unzulässig wäre, wenn die Gemeinde maßgeblich auf möglichst hohe Konzessionsabgaben, Zusatzleistungen, Gemeinderabatte und Folgekostenregelungen Wert gelegt habe.[103] Das wird im Übrigen für einen Teilaspekt auch gesetzessystematisch belegt durch §§ 46 Abs. 1 S. 2, 48 EnWG; sie erlauben der Gemeinde, was der Sache nach durchaus in einem Spannungsverhältnis zu dem in § 1 Abs. 1 EnWG verankerten Ziel der preisgünstigen Energieversorgung steht, die Verweigerung des Abschlusses von Konzessionsverträgen i.s.v. § 46 Abs. 2 EnWG, wenn das Unternehmen sich nicht zur Zahlung der Höchstbeträge der Konzessionsabgaben nach § 48 EnWG i.V.m. der Konzessionsabgabenverordnung (KAV) zu verpflichten bereit ist.

Eine Festlegung der Auswahlentscheidung der Gemeinde auf die Verfolgung der Ziele des § 1 Abs. 1 EnWG ist deshalb jedenfalls § 46 Abs. 3 EnWG a.F. nicht abzugewinnen.

bb) § 46 Abs. 3 S. 5 EnWG

Es bleibt die Frage, inwieweit der mit der EnWG-Novelle vom 26. Juli 2011 neu eingefügte § 46 Abs. 3 S. 5 EnWG diese Rechtslage hat ändern wollen und – im Lichte höherrangigen Rechts – können.

(1) Auslegung

§ 46 Abs. 3 S. 5 EnWG ist schon dem Wortlaut nach unzweifelhaft zu entnehmen, dass die Gemeinde bei ihrer Auswahlentscheidung die Ziele des § 1 Abs. 1 EnWG jedenfalls *auch* zu beachten hat, d.h. zumindest auch auf „eine möglichst sichere, preisgünstige, verbraucherfreundliche, effiziente und umweltverträgliche leitungsgebundene Versorgung der Allgemeinheit mit Elektrizität und Gas, die zunehmend auf erneuerbaren Energien beruht", zu achten hat. Der Gesetzgeber ist insofern, formal betrachtet, dem oben aufgezeigten Missverständnis aufgesessen, die Gemeinden wie eine Vollzugsbehörde auf eine gesetzeszweckgetreue Auslegung und Anwendung festlegen zu wollen. In der Sache ist allerdings aus der gemeindlichen Perspektive gegen eine Verpflichtung auf die Beachtung dieser Ziele nichts zu erinnern; im Rahmen ihrer eigenen, in der Selbstverwaltungsgarantie wurzelnden Verantwortung für die örtliche Energieversorgung wird die Gemeinde diese Aspekte ohnehin zu beach-

---

[103] LG Kiel, Urt. v. 3. Febr. 2012, 14 O 12/11.Kart, Tz. 80; vgl. auch Tz. 85 zur Unzulässigkeit einer „allein oder jedenfalls überwiegend unter Berücksichtigung kommunaler Interessen getroffene(n) Auswahlentscheidung" (zitiert nach juris) = RdE 2012, 263 (264).

ten haben.[104] In dieser Bedeutung ist § 46 Abs. 3 S. 5 EnWG im Ergebnis in der Tat bloß klarstellend und auch verfassungsrechtlich unbedenklich.

Fraglich ist, ob § 46 Abs. 3 S. 5 EnWG darüber hinaus verlangt, dass die Gemeinde bei ihrer Auswahlentscheidung die Ziele des § 1 (Abs. 1) EnWG vorrangig oder ausschließlich berücksichtigt. Entstehungsgeschichtlich spricht dagegen, dass die Gesetzentwurfsbegründung eine bloße Klarstellung vornehmen wollte,[105] die bis dahin geltende Rechtslage aber eine solche strikte Bindung nicht kannte. In systematischer Betrachtung lässt sich darüber hinaus einwenden, dass die Gemeinde weiterhin den Konzessionsvertragsschluss ablehnen kann, wenn der Bewerber nicht zur Zahlung der Höchstbeträge der Konzessionsabgaben bereit ist (§ 46 Abs. 1 S. 2 EnWG), womit das Gesetz jedenfalls insoweit auch außerhalb der Ziele des § 1 Abs. 1 EnWG liegende, dem gemeindlichen Interesse dienende Verweigerungsgründe anerkennt. Auch verlangt der Wortlaut („ist ... verpflichtet") nicht zwingend die Annahme einer strikten, ausschließlichen Bindung an die Ziele.[106] Er lässt allerdings diese Interpretation doch jedenfalls zu und legt sie auch nahe, wie die entsprechende Rezeption bei Teilen des Schrifttums[107] und den Gerichten belegt.

(2) Verfassungsrechtliche Würdigung

Das führt zu der Frage, ob eine solche Interpretation mit Art. 28 Abs. 2 GG vereinbar wäre.

Sie hätte zur Folge, dass eine Reihe von gemeindlichen Interessen, die von der Konzessionsvergabeentscheidung betroffen werden und als Selbstverwaltungsangelegenheit verfassungsrechtlich geschützt sind, nicht mehr oder nur noch nachrangig in die Auswahl des Netzbetreibers einbezogen werden dürften. So läge etwa das Ziel, den lokalen Arbeitsmarkt zu stärken,[108] ebenso wie das Ziel, kommunale Einnahmen aus dem Netzbetrieb zu erzielen,[109] außerhalb des Zielkanons und wäre deshalb unzulässig. Im Ergebnis wäre es der Gemeinde versagt, bei der Konzessionsvergabe verfassungsgeschützte Selbstverwaltungsbelange wahrzunehmen.

---

[104] So zu Recht VG Oldenburg, B. v. 17. Juli 2012, 1 B 3594/12, insbes. Tz. 102 (zitiert nach juris) = ZNER 2012, 541 (545). Ähnlich *Fischer/Wolf/Embacher*, RdE 2012, 274 (276).
[105] Vgl. BT-Drs. 17/6072, S. 88.
[106] *Fischer/Wolf/Embacher*, RdE 2012, 274 (274); a.A. *Höch*, RdE 2013, 60 (62).
[107] Vgl. etwa *Herten-Koch*, in: Kermel (Hrsg.), Konzessionsverträge und Konzessionsabgaben, Kap. 5 Rn. 19.
[108] Vgl. dazu *Büdenbender*, Materiellrechtliche Entscheidungskriterien, S. 38 f.
[109] Vgl. dazu *Büdenbender*, Materiellrechtliche Entscheidungskriterien, S. 40.

Eine solche gesetzliche Einschränkung der gemeindlichen Aufgabenwahrnehmung ist verfassungsrechtlich rechtfertigungsbedürftig; für sie müssten überwiegende Gründe des öffentlichen Wohls streiten, wobei bloße Gründe der Wirtschaftlichkeit und Sparsamkeit nicht zureichen sollen.[110] Als rechtfertigender Grund für eine strikte Bindung an die Ziele des § 1 Abs. 1 EnWG erscheint „das Interesse des Endabnehmers von Strom an einer möglichst effizienten, sicheren, umweltfreundlichen und preisgünstigen Energieversorgung".[111] Dass allerdings dieses Ziel in einem Maß, das den Rechtfertigungsanforderungen des Art. 28 Abs. 2 GG genügen würde, verfehlt würde, wenn die gemeindliche Auswahlentscheidung auch auf sonstige, außerhalb des Zielkanons von § 1 Abs. 1 EnWG liegende Kriterien zugreifen dürfte, ist weder dargetan noch ersichtlich.

cc) Ergebnis

Entgegen der Gesetzentwurfsbegründung und entgegen manchen Einschätzungen in der Literatur[112] handelt es sich bei § 46 Abs. 3 S. 5 EnWG nicht um eine bloß klarstellende, über die frühere Rechtslage nicht hinausführende Regelung, wenn sie so verstanden wird, dass die Ziele des § 1 Abs. 1 EnWG ausschließlich oder jedenfalls vorrangig zu berücksichtigen sind. Diese Interpretation wird durch den Wortlaut der Norm nahegelegt; sie ist jedoch nicht zwingend. Sie ist deshalb jedenfalls auf Grund einer verfassungskonformen Auslegung zu verwerfen, denn ein solches striktes Verständnis von § 46 Abs. 3 S. 5 EnWG wäre mit der Garantie gemeindlicher Selbstverwaltung nicht zu vereinbaren. § 46 Abs. 3 S. 5 EnWG ist deshalb so zu verstehen, dass die Gemeinde bei ihrer Auswahlentscheidung die Ziele des § 1 Abs. 1 EnWG mit zu berücksichtigen, jedoch nicht ausschließlich und auch nicht notwendig vorrangig gegenüber anderen Zielen zu beachten hat.

c) Effizienz als maßgebliches Kriterium

Mitunter wird die Bindung an die Ziele des § 1 Abs. 1 EnWG noch verengt und zugespitzt, indem eines dieser Ziele, die Effizienz des Netzbetriebs durch das Energieversorgungsunternehmen, als das maßgebliche Kriterium herausgehoben wird,[113] wobei teilweise angenommen wird,

---

[110] Vgl. oben unter B. I. 1. a), 2. b).
[111] LG Kiel, Urt. v. 3. Febr. 2012, 14 O 12/11.Kart, Tz. 80 (zitiert nach juris) = RdE 2012, 263 (264).
[112] So *Büdenbender*, Materiellrechtliche Entscheidungskriterien, S. 14, 38.
[113] Vgl. OLG Schleswig, Urt. v. 22. Nov. 2012, 16 U (Kart) 21/12, Tz. 107, 110 (zitiert nach juris) = EnWZ 2013, 76 (79); Urt. v. 22. Nov. 2012, 16 U (Kart) 22/12, Tz. 128 (zitiert nach juris; insoweit nicht abgedruckt in EnWZ 2013, 84); *Büdenbender*, Materiellrechtliche Entscheidungskriterien, S. 47: „Liegen keine besonderen

diese Effizienz werde durch die von der Bundesnetzagentur im Rahmen der Anreizregulierung ermittelten Effizienzwerte bestimmt.[114] Zwar soll die Gemeinde auch andere (der in § 1 Abs. 1 EnWG genannten) Ziele berücksichtigen dürfen, doch soll dem Effizienzziel „überragende Bedeutung" zukommen.[115] Eine Entscheidungsfreiheit der Gemeinde soll (nur) bei gleichwertigen oder zumindest nahezu gleichwertigen Netzbetreiberleistungen[116] bestehen.

Diese Verengung auf das Effizienzziel lässt sich freilich schon aus § 46 Abs. 3 S. 5 EnWG im Wege der Auslegung kaum herleiten. Die Begründungsansätze[117] bleiben eher thetisch und unzureichend. Warum gerade dieses Ziel innerhalb der Ziele des § 1 Abs. 1 EnWG dominant zu sein habe, wird nicht deutlich.

Hinzu kommt, dass gerade bei einer Verengung von § 46 Abs. 3 S. 5 i.V.m. § 1 Abs. 1 EnWG auf das Effizienzziel der Konflikt mit der Garantie kommunaler Selbstverwaltung deutlich zu Tage tritt. Die zentrale Begründung für den Vorrang des Effizienzziels ist der Sache nach, dass Ineffizienzen im Netzbetrieb sich in Gestalt höherer Netznutzungsentgelte und folglich höherer Energiekosten zu Lasten der Energieverbraucher in der Gemeinde auswirken würden.[118] Es geht also im Kern um eine möglichst preisgünstige Energieversorgung. Solche ökonomische, auf möglichst billige Aufgabenwahrnehmung zielende Rechtfertigungen akzeptiert das Bundesverfassungsgericht mit Verweis auf die entgegenstehende politisch-demokratische Funktion der gemeindlichen Selbstverwaltung jedoch nur, wenn ansonsten ein unverhältnismäßiger Kostenanstieg droht.[119] Dass dies der Fall wäre, wenn die Gemeinden auch sonstige legitime Gesichtspunkte bei ihrer Auswahl berücksichtigen dürfen, ist nicht erkennbar.

Gründe des Einzelfalls vor, ist die kommunale Entscheidung ... nur dann sachgerecht, wenn sie sich maßgeblich an den bisherigen gezeigten Leistungen im Netzbetrieb orientiert."
[114] *Büdenbender*, Materiellrechtliche Entscheidungskriterien, S. 47.
[115] *Büdenbender*, Materiellrechtliche Entscheidungskriterien, S. 49.
[116] Vgl. *Büdenbender*, Materiellrechtliche Entscheidungskriterien, S. 64: „Die Gemeinde ist daher befugt, geringfügige Leistungsunterschiede, z.B. zwischen einer Effizienz von 100% und 99%, zu ignorieren."
[117] Vgl. etwa OLG Schleswig, Urt. v. 22. Nov. 2012, 16 U (Kart) 21/12, Tz. 106 f. (zitiert nach juris) = EnWZ 2013, 76 (79): „Nach alledem ist die Vergabeentscheidung mindestens auch und zwar vorrangig an den Zielen des § 1 EnWG auszurichten. Das bedeutet, dass bei der Auswahlentscheidung in erster Linie maßgeblich sein müssen das Niveau der erreichbaren Netzentgelte und die Effizienz des Netzbetreibers. Das ergibt sich zwanglos aus den Zielen des EnWG, mittels der Durchsetzung von Wettbewerb eine möglichst preisgünstige Versorgung zu erreichen."
[118] *Büdenbender*, Materiellrechtliche Entscheidungskriterien, S. 47, 63.
[119] Vgl. BVerfGE 79, 127 (153).

Die Verengung der zulässigen Auswahlkriterien auf eine alleinige oder vorrangige Berücksichtigung der Effizienz des Netzbetreibers ist deshalb weder auf der Ebene der Gesetzesauslegung noch in verfassungsrechtlicher Hinsicht überzeugend.

d) Zulässigkeit der bevorzugten Vergabe an ein eigenes Unternehmen?

Aus kommunaler Perspektive ist eine Frage von besonderer grundsätzlicher und praktischer Bedeutung, unter welchen Voraussetzungen eine Konzessionierung von eigenen Unternehmen der Gemeinde in der Sache zulässig ist. Wegen des prinzipiellen Unterschieds zur Beauftragung eines fremden Unternehmens ist diese Frage nicht zu Unrecht als „Systementscheidung" gekennzeichnet worden.[120] In jüngeren Behörden- und Gerichtsentscheidungen wird die Möglichkeit einer solchen Systementscheidung in Frage gestellt.[121] Die Beauftragung eines gemeindeeigenen Unternehmens wird zwar nicht als unzulässig angesehen; es wird jedoch die Zulässigkeit von Kriterien der Auswahlentscheidung, die gerade und spezifisch auf ein gemeindeeigenes Unternehmen zutreffen, bestritten und gefordert, die Kriterien müssten aus Rechtsgründen so gefasst sein, dass über die Konzessionierung eines eigenen oder eines fremden Unternehmens eine wettbewerbliche Vergabe nach gleichen Leistungskriterien entscheidet.

aa) Zulässigkeit und energiewirtschaftsrechtliche Anerkennung des Netzbetriebs durch ein gemeindeeigenes Unternehmen

Diese Position wird zunächst zu Unrecht mit dem Argument untermauert, das Gesetz, d.h. hier § 46 Abs. 1 und 2 EnWG, gehe „davon aus, dass Verlegung und Betrieb von Leitungen Sache eines Netzbetreibers sind, während sich der Beitrag der Gemeinde darauf beschränkt, hierfür ihre Wege zur Verfügung zu stellen. Davon, dass die Gemeinde auch selbst Leitungen verlegen oder betreiben könnten, ist dort nicht die Rede."[122] Wenn damit die Zulässigkeit oder auch nur die energiewirtschaftsrechtliche Anerkennung der Möglichkeit eines gemeindeeigenen Netzbetriebs in Frage gestellt werden soll, ist das eklatant unzutreffend.

---

[120] So etwa VG Oldenburg, B. v. 17. Juli 2012, 1 B 3594/12, Tz. 102 f. (zitiert nach juris) = ZNER 2012, 541 (545); *Templin*, Recht der Konzessionsverträge, S. 358; *Büttner/Templin*, ZNER 2011, 121 (123).
[121] Gegen die Annahme einer Systementscheidung etwa *Bundeskartellamt/Bundesnetzagentur*, Gemeinsamer Leitfaden, Tz. 26 Fn. 16; *Schwensfeier*, in: Kermel (Hrsg.), Konzessionsverträge und Konzessionsabgaben, Kap. 5 Rn. 185.
[122] OLG Schleswig, Urt. v. 22. Nov. 2012, 16 U (Kart) 21/12, Tz. 92 (zitiert nach juris) = EnWZ 2013, 76 (77); Urt. v. 22. Nov. 2012, 16 U (Kart) 22/12, Tz. 115 (zitiert nach juris; insoweit nicht abgedruckt in EnWZ 2013, 84).

Dies ergibt sich schon aus der verfassungsrechtlichen Gewährleistung des Art. 28 Abs. 2 GG. Sie garantiert den Gemeinden nicht nur die Wahrnehmung ihrer Verantwortung für die Energieversorgung des Gemeindegebiets durch den Konzessionsvertrag,[123] sondern auch das Recht zur eigenen kommunalwirtschaftlichen Betätigung, auch und gerade in der Energieversorgung.[124] Grenzen dieses Rechts zur kommunalwirtschaftlichen Betätigung ergeben sich aus den jeweiligen Kommunalwirtschaftsrechten der Länder, die freilich in Reaktion auf die Liberalisierung teilweise gerade die kommunalwirtschaftliche Betätigung in der Energieversorgung privilegieren.[125] Die Gemeinden dürfen also von Verfassungs wegen, in den durch das Kommunalwirtschaftsrecht zulässigerweise gesetzten Grenzen, wirtschaftlich in der Energieerzeugung und -belieferung und auch im Netzbetrieb tätig werden.

Dies ist auch energiewirtschaftsrechtlich in § 46 EnWG anerkannt. Wenn § 46 Abs. 4 EnWG die entsprechende Anwendung von Absätzen 2 und 3 für Eigenbetriebe der Gemeinde anordnet, wird damit einerseits die Anwendung der beschränkenden Vorgaben der Absätze 2 und 3 begründet; andererseits wird aber zugleich auch anerkannt, dass auch Eigenbetriebe als rechtlich unselbständige Unternehmen der Gemeinde[126] konzessioniert werden können.[127] Das EnWG geht also – entgegen der Auffassung des Schleswig-Holsteinischen Oberlandesgerichts[128] – durchaus davon aus, dass die Kommunen die Netze als eine Aufgabe der Daseinsvorsorge selbst, namentlich durch Eigenbetriebe, betreiben können.

bb) Sachlich rechtfertigende Gründe für die Konzessionierung eines gemeindeeigenen Unternehmens

Schon aus der unbestrittenen Bindung der Gemeinde bei der Wegerechtsvergabe an Art. 3 Abs. 1 GG folgt, dass die Konzessionierung eines gemeindeeigenen Unternehmens unter Hintansetzung anderer Interessenten nicht willkürlich sein darf, sondern auf sachlich einleuchtenden Gründen beruhen muss. Solche sachlichen Gründe für eine Konzessionierung eines eigenen Unternehmens, die nach den bisherigen

---

[123] Vgl. oben unter B. I. 2. a) bb).
[124] Vgl. nur BVerwGE 98, 273 (275); RhPfVerfGH, NVwZ 2000, 801 (803); *Britz*, in: Schneider/Theobald (Hrsg.), Recht der Energiewirtschaft, § 5 Rn. 47 f.
[125] Vgl. etwa § 107a GO NRW.
[126] Für die Konzessionierung von Eigengesellschaften als rechtlich selbständigen Unternehmen der Gemeinde ist ohnehin § 46 Abs. 2 und 3 EnWG unmittelbar anwendbar; vgl. *Hellermann*, in: Britz/Hellermann/Hermes (Hrsg.), EnWG, § 46 Rn. 85.
[127] So auch *Wegner*, in: Säcker (Hrsg.), Berliner Kommentar, § 46 Rn. 132.
[128] OLG Schleswig, Urt. v. 22. Nov. 2012, 16 U (Kart) 21/12, Tz. 101 (zitiert nach juris) = EnWZ 2013, 76 (78).

Überlegungen zulässige Kriterien im Rahmen der Konzessionsvergabeentscheidung sind, gibt es grundsätzlich. Ein zentrales Argument ist insofern das der besseren Steuerung des netzbetreibenden Unternehmens.[129] Bei einem fremden Netzbetreiber beschränkt sich die mögliche Steuerung grundsätzlich – sozusagen im Außenverhältnis – auf die Durchsetzung der im Konzessionsvertrag vereinbarten Regelungen. Bei einem gemeindeeigenen Unternehmen treten die Steuerungsmöglichkeiten hinzu, die – sozusagen im Innenverhältnis – der Gemeinde als Unternehmensträgerin kommunal- bzw. gesellschaftsrechtlich gegenüber dem Unternehmen zur Verfügung stehen. Dies bedeutet eine Stärkung der kommunalen Steuerungsmöglichkeit sowohl in inhaltlicher Hinsicht wie vor allem auch in zeitlicher Hinsicht, da auch bei Vertragsschluss noch nicht geregelte Fragen erfasst werden können, was bei typischerweise auf lange Laufzeiten abgeschlossenen Konzessionsverträgen von besonderer Bedeutung sein kann. Das Ziel einer in dieser Weise gestärkten kommunalen Steuerungsmöglichkeit ist nach den bisherigen Überlegungen auch ein zulässiges Kriterium der Konzessionsvergabe, da es mit dem auf den Netzbetrieb beschränkten Vertragsgegenstand nicht in Konflikt steht[130] und es durch § 46 Abs. 3 S. 5 EnWG – wie dargelegt[131] – nicht ausgeschlossen ist.

Auch das von den Kommunen mitunter genannte Ziel der lokalen Wirtschaftsförderung und Arbeitsplatzsicherung ist im Rahmen der Auswahlentscheidung grundsätzlich berechtigt. Es stellt ein legitimes Anliegen kommunaler Selbstverwaltung dar, kann u.U. durch eine Vergabe an einen gemeindeeigenen Netzbetreiber befördert werden und ist nach den bisherigen Überlegungen durch § 46 EnWG nicht ausgeschlossen.

Schließlich ist auch die fiskalische Erwägung, nicht nur die der Gemeinde zustehenden Konzessionsabgaben einnehmen, sondern auch von dem Unternehmensgewinn aus dem Netzbetrieb oder auch von Kostenvorteilen und Synergieeffekten durch Zusammenfassung mehrerer Betriebszweige profitieren zu wollen, bei der Konzessionsvergabe zulässig.[132] Es handelt sich um ein von der verfassungsgeschützten kommunalen Finanzhoheit geschütztes gemeindliches Anliegen. Zwar garantiert Art. 28 Abs. 2 GG den Gemeinden nicht einzelne vermögenswerte Rechtspositionen und schützt sie deshalb auch nicht, wenn

---

[129] Vgl. dazu auch VG Oldenburg, B. v. 17. Juli 2012, 1 B 3594/12, insbes. Tz. 104 (zitiert nach juris) = ZNER 2012, 541 (545).
[130] Vgl. oben unter C. I. 2. a).
[131] Vgl. oben unter C. I. 2. b).
[132] VG Oldenburg, B. v. 17. Juli 2012, 1 B 3594/12, insbes. Tz. 104 (zitiert nach juris) = ZNER 2012, 541 (545).

ihnen einzelne Einnahmen entzogen oder verwehrt werden.[133] Die Möglichkeit der Einnahmeerzielung durch ein netzbetreibendes Unternehmen steht den Gemeinden jedoch offen. Das Ziel, diese Möglichkeit zu nutzen, ist nach den bisherigen Überlegungen auch im Rahmen von § 46 Abs. 2 ff. EnWG rechtlich nicht ausgeschlossen, sondern ein zulässiges Kriterium.

cc) Unzulässigkeit gemeindeeigenen Unternehmen günstiger, sachlicher Kriterien?

Die genannten, sachlich einschlägigen und rechtfertigenden Gründe werden in den erwähnten Äußerungen der Kartellbehörden und Gerichte erst durch eine weitere Überlegung als zulässiges Kriterium in Frage gestellt. Die These, die Gemeinde dürfe einzelne Bieter, insbesondere mit der Gemeinde verbundene Unternehmen, nicht ohne sachlichen Grund bevorzugen,[134] will bei genauer Betrachtung (im Übrigen – wie gerade dargelegt – sachlich gerechtfertigte) Kriterien dann als unzulässig oder allenfalls nachrangig ansehen, wenn sie spezifisch gerade bei Kommunalunternehmen vorliegen und diese deshalb im Ergebnis begünstigen können.[135]

(1) Folgerung aus der Nichtanwendbarkeit der Inhouse-Vergabe-Grundsätze?

Dies bereits aus § 46 Abs. 4 EnWG und einer darauf gestützten Annahme der Nichtanwendbarkeit des Inhouse-Privilegs auf das Auswahlverfahren nach § 46 EnWG herleiten zu wollen,[136] geht fehl. Die ausdrücklichen Verfahrensvorschriften des § 46 Abs. 2 und 3 EnWG erfassen, ggf. kraft des § 46 Abs. 4 EnWG, zwar in der Tat auch Inhouse-Vergaben; das vom Europäischen Gerichtshof anerkannte Inhouse-Privileg kann diese unionsrechtlich nicht geforderten, jedoch im nationalen Recht explizit angeordneten Vorgaben nicht aushebeln, so dass sie anwendbar bleiben. Hinsichtlich darüber hinausgehender – nicht aus § 46 Abs. 2 und 3 EnWG ableitbarer, sondern unionsrechtlich begründeter – Anforderungen an die

---

[133] BVerfG, NvWZ 1999, 520 (521).
[134] *Bundeskartellamt/Bundesnetzagentur*, Gemeinsamer Leitfaden, Tz. 22; vgl. auch *Büdenbender*, Materiellrechtliche Entscheidungskriterien, S. 46: „§ 46 Abs. 1 S. 1 EnWG erlaubt den Kommunen keine pauschale bzw. sachwidrige Bevorzugung des eigenen Netzbetrieb."
[135] Vgl. LG Kiel, Urt. v. 3. Febr. 2012, 14 O 12/11.Kart, Tz. 85 zur Unzulässigkeit einer „allein oder jedenfalls überwiegend unter Berücksichtigung kommunaler Interessen getroffene(n) Auswahlentscheidung" (zitiert nach juris, insoweit nicht abgedruckt in RdE 2012, 263); *Schwensfeier*, in: Kermel (Hrsg.), Konzessionsverträge und Konzessionsabgaben, Kap. 5 Rn. 191, 196; *Höch*, RdE 2013, 60 (64).
[136] *Schwensfeier*, in: Kermel (Hrsg.), Konzessionsverträge und Konzessionsabgaben, Kap. 5 Rn. 185. Vgl. auch *Höch*, RdE 2013, 60 (64 f.).

Konzessionsvergabe, wie sie hier in Rede stehen, ist die Privilegierung von Inhouse-Vergaben jedoch sehr wohl anwendbar.[137] Ihre sog. Nichtanwendbarkeit kann deshalb einer die Verfahrensvorschriften des § 46 Abs. 3 EnWG beachtenden, bevorzugten Berücksichtigung gemeindeeigener Unternehmen nicht entgegengehalten werden.

(2) Folgerung aus der Doppelrolle der Kommunen bei der Konzessionsvergabe?

Nähere Befassung verdient in diesem Zusammenhang der Verweis auf die Doppelrolle der Kommunen bei der Konzessionsvergabe als auswählende Stelle einerseits, als Interessent andererseits. Vorgebracht wird, der Gesetzgeber habe die Konzessionsvergabe gerade auch deshalb einem Diskriminierungsverbot unterworfen, weil er die Gefahr einer Diskriminierung zugunsten kommunaler Unternehmen wegen des Zusammenfallens von kommunaler Wegehoheit und kommunalen Interessen am Netzbetrieb gesehen habe.[138] Wegen ihrer Doppelrolle als Vergabeinstanz und als möglicher Netzbetreiber müsse von der Gemeinde verlangt werden, keine sachwidrige Vermischung beider Ebenen vorzunehmen.[139] § 46 EnWG verlange deshalb, dass die Kommune die Rolle „eines zum objektiven Handeln verpflichteten Schiedsrichters, der unter nachvollziehbaren Leistungsaspekten zwischen den verschiedenen Netzbetriebsinteressenten zu entscheiden hat",[140] einnimmt.

Die Annahme, die Regelung der Konzessionsvergabe in § 46 EnWG solle gerade einer bevorzugten Berücksichtigung gemeindeeigener Unternehmen wehren, ist jedoch schon entstehungsgeschichtlich unzutreffend. Der Gesetzgeber des § 13 EnWG fand insofern eine Rechtslage vor, die der Bundesgerichtshof treffend wie folgt umschrieben hat: „Mit der Einführung des § 103a GWB a.F. verfolgte der Gesetzgeber das Ziel, durch eine Begrenzung der Laufzeit der nach § 103 Abs. 1 Nr. 1, 2 u. 4 GWB a.F. freigestellten Verträge zu verhindern, daß das System der Gebietsmonopole zum Nachteil der Abnehmer erstarrt und nicht mehr flexibel genug ist, auf die versorgungswirtschaftlichen Erfordernisse zu reagieren (Bericht des Ausschusses für Wirtschaft des Deutschen Bundestages, BT-Drucks. 8/3690 S. 31). Spätestens alle 20 Jahre sollten die Partner eines Konzessionsvertrages völlig frei darüber entscheiden können, ob die Energieversorgung durch den bisherigen Vertragspartner, durch ein konkurrierendes Versorgungsunternehmen oder aber

---

[137] Vgl. oben unter B.II. 1. b) bb).
[138] *Büdenbender*, Materiellrechtliche Entscheidungskriterien, S. 41; vgl. auch S. 46.
[139] *Büdenbender*, Materiellrechtliche Entscheidungskriterien, S. 64; vgl. auch *ders.*, DVBl. 2012, 1530 (1532).
[140] *Büdenbender*, Materiellrechtliche Entscheidungskriterien, S. 51.

durch die Kommune selbst fortgesetzt werden sollte. § 103a GWB a.F. diente freilich nicht dem Schutz der Parteien des Konzessionsvertrages, sondern dem Schutz der Freiheit des Wettbewerbs: Wenigstens im 20-Jahres-Rhythmus sollte ein Wettbewerb um geschlossene Versorgungsgebiete ermöglicht werden, um eine Verbesserung der Versorgungsbedingungen zu erreichen ...".[141] Vor dem Hintergrund dieser Ausgangslage haben § 13 EnWG 1998 und § 46 EnWG 2005 lediglich verfahrensrechtliche Ergänzungen vorgenommen, die möglichen Interessenten Gelegenheit zur Bewerbung geben, der Gemeinde damit evtl. weitere Handlungsoptionen eröffnen und sie durch Transparenz zu einer rationalen Entscheidung anhalten sollen; sie haben jedoch bewusst davon abgesehen, für die Konzessionsvergabe durch die Gemeinde materiellrechtliche Vorgaben zu machen.[142] Die Neuregelungen haben damit das vom Bundesgerichtshof umschriebene, bereits vor 1998 verfolgte Konzept einer Ermöglichung von Wettbewerb um das Netz, das zumindest alle 20 Jahre eine neue gemeindliche Vergabeentscheidung sicherstellt, in materiellrechtlicher Hinsicht fortgeschrieben. Auch § 46 Abs. 3 S. 5 EnWG hat daran, jedenfalls bei verfassungskonformer Interpretation, nichts geändert.[143] Die Behauptung, § 46 EnWG verlange mit Blick auf das Ziel der Wettbewerbsöffnung eine allein an „sachlich-wettbewerblichen Gesichtspunkten" orientierte Konzessionierungsentscheidung,[144] die die gemeindeeigenen Unternehmen begünstigende sachliche Gesichtspunkte nicht oder allenfalls nachrangig zugrunde legen dürfe, trifft nicht zu. Sie verkennt, dass das EnWG in Bezug auf den Netzbetrieb nur einen – in der gerade beschriebenen Weise begrenzten – Wettbewerb um das Netz vorsieht, den Wettbewerbsgedanken aber vor allem in der Eröffnung von Wettbewerb um den Kunden in der Energiebelieferung realisiert hat.

II. Kartellrechtliche Vorgaben

Nur ergänzend soll auch auf kartellrechtliche Maßstäbe eingegangen werden. Gestützt auf § 46 Abs. 5 EnWG, wonach die kartellbehördlichen Aufgaben und Zuständigkeiten nach dem GWB unberührt bleiben, wird die gemeindliche Auswahlentscheidung auch hieran, namentlich an §§ 19, 20 Abs. 1 GWB, gemessen.

---

[141] BGHZ 143, 128, Tz. 51.
[142] Vgl. BT-Drs. 13/7274, S. 21, bestätigt durch BT-Drs. 15/3917, S. 67.
[143] Vgl. oben unter C. I. 2. b).
[144] OLG Schleswig, Urt. v. 22. Nov. 2012, 16 U (Kart) 21/12, Tz. 94 (zitiert nach juris) = EnWZ 2013, 76 (77); Urt. v. 22. Nov. 2012, 16 U (Kart) 22/12, Tz. 117 (zitiert nach juris; insoweit nicht abgedruckt in EnWZ 2013, 84).

1. Gemeindliche Konzessionsvergabe als unternehmerisches oder hoheitliches Verhalten?

Die §§ 19, 20 GWB sind von vornherein nur anwendbar auf Unternehmen. Voraussetzung für die Anwendung der §§ 19, 20 GWB auf die Vergabe von Strom- und Gaskonzessionen durch die Gemeinde ist daher, dass es sich dabei um ein unternehmerisches Verhalten der Gemeinde handelt.

Abweichend von der Beurteilung des Europäischen Gerichtshofs für das europäische Wettbewerbsrecht[145] nehmen Rechtsprechung, Kartellbehördenpraxis und vorherrschende Literaturmeinung dies auf der Grundlage eines weiten Unternehmensbegriffs an.[146] Sie stützen diese Annahme u.a. darauf, dass die Konzessionsvergabe – wie aus § 8 Abs. 10 BFernStrG und entsprechenden landesgesetzlichen Regelungen hergeleitet wird – im Wege privatrechtlichen Vertrages[147] und auf der Grundlage des Eigentums der Gemeinde am Wegenetz erfolge. Die Konzessionsvergabe soll deshalb, wie insbesondere unter Verweis auf die sog. Schilderpräger-Rechtsprechung des Bundesgerichtshofs[148] angenommen wird, nicht anders zu beurteilen sein als auch sonstige Verpachtungen oder Vermietungen von Grundstücken oder Gebäuden im Eigentum der Gemeinde.[149]

Diese Annahme ist sehr fragwürdig. Im Kern ist einzuwenden, dass es sich bei der Vergabe von Konzessionen für die leitungsgebundene Energieversorgung der Einwohner um eine (von Art. 28 Abs. 2 GG geschützte) Selbstverwaltungsangelegenheit der Gemeinde handelt.[150] Deshalb ist der Vergleich zwischen der Wegerechtsvergabe und der Verpachtung oder Vermietung sonstiger Liegenschaften der Gemeinde nicht überzeugend. Einzelne Grundstücke oder Gebäude stellen Fiskalvermögen der Gemeinde dar, dessen Verwaltung zwar unter die Finanzhoheit als ein

---

[145] Vgl. oben unter B. II. 1. b).
[146] BGH, WuW/E BGH 2247; WuW/E BGH 2777; OLG Schleswig, Urt. v. 22. Nov. 2012, 16 U (Kart) 21/12, Tz. 136 (zitiert nach juris) = EnWZ 2013, 76 (81); Urt. v. 22. Nov. 2012, 16 U (Kart) 22/12, Tz. 149 ff. (zitiert nach juris; insoweit nicht abgedruckt in EnWZ 2013, 84); *Bundeskartellamt/Bundesnetzagentur*, Gemeinsamer Leitfaden, Tz. 16; *Säcker/Mohr/Wolf*, Konzessionsverträge, S. 47 f.; *Büdenbender*, Materiellrechtliche Entscheidungskriterien, S. 67 ff.
[147] BGHZ 37, 353 (354); 138, 266 (274); OVG NRW, B. v. 10. Febr. 2012, 11 B 1187/11, Tz. 9 (zitiert nach juris) = NVwZ-RR 2012, 415 (415); *Büdenbender*, Materiellrechtliche Entscheidungskriterien, S. 11, 68.
[148] Vgl. BGH, NJW 2003, 752.
[149] Vgl. etwa *Säcker/Mohr/Wolf*, Konzessionsverträge, S. 51 („So unterscheidet sich z.B. der Vertragsinhalt einer Wegenutzungskonzession nur singulär von typischen Pacht- oder Mietverhältnissen."); *Büdenbender*, Materiellrechtliche Entscheidungskriterien, S. 68.
[150] Zur Anerkennung dieser Selbstverwaltungsaufgabe vgl. bereits oben unter B. I.

II. Kartellrechtliche Vorgaben

Element gemeindlicher Eigenverantwortlichkeit fällt, aber keine originäre Selbstverwaltungsaufgabe darstellt. Das unter der Hoheit der Gemeinde stehende örtliche Wegenetz hingegen stellt eine (hoheitliche) Infrastruktur dar, deren Verwaltung von Art. 28 Abs. 2 GG als Angelegenheit der örtlichen Gemeinschaft anzusehen ist. Wenn man die straßenrechtlich begründete Privatrechtsförmigkeit der Konzessionsverträge akzeptiert, so muss man die Konzessionsvertragsvergabe danach als privatrechtsförmige Wahrnehmung einer von Art. 28 Abs. 2 GG geschützten Selbstverwaltungsaufgabe charakterisieren.[151] Dieser verfassungsrechtlich begründeten Charakterisierung kann auch nicht die einfachgesetzliche Regelung des § 1 EnWG, die allein auf den Schutz der Konsumenten zielen soll, entgegengehalten werden;[152] vielmehr müssen sich die energiewirtschaftsrechtlichen Regelungen an der Verfassungsgarantie des Art. 28 Abs. 2 GG messen lassen.

Ungeachtet dieser Einwände soll dieser Streitfrage hier nicht abschließend nachgegangen werden. Vielmehr soll – mit Rücksicht auf die derzeit für das deutsche Wettbewerbsrecht ganz vorherrschende Auffassung – für die weiteren Überlegungen die Annahme eines unternehmerischen Verhaltens und damit der Anwendbarkeit von §§ 19, 20 GWB zugrunde gelegt werden.

2. Marktbeherrschende Stellung

§§ 19, 20 GWB setzen tatbestandlich eine marktbeherrschende Stellung des Unternehmens voraus. Dass die einzelne Gemeinde für ihr Gemeindegebiet in Bezug auf die Konzessionsvergabe marktbeherrschend ist, ist angesichts ihrer monopolartigen Stellung, wenn man diese denn als eine unternehmerische qualifiziert, offenkundig. Fraglich kann allein die maßgebliche räumliche Abgrenzung des Marktes sein. Während in der Literatur mit beachtenswerten Gründen ein bundesweiter Markt des Netzbetriebs angenommen wird,[153] nehmen insbesondere Bundeskartellamt und Bundesnetzagentur an, dass der jeweilige lokale Markt räumlich maßgeblich sei, weshalb eine marktbeherrschende Stellung der jeweiligen Gemeinde anzunehmen sei.[154] Auch dies soll hier nicht näher untersucht werden.

---

[151] Vgl. ausführlich *Hellermann*, Örtliche Daseinsvorsorge, S. 279 f., 282; *Templin*, IR 2009, 101 (103).
[152] *Säcker/Mohr/Wolf*, Konzessionsverträge, S. 27 f.
[153] *Kermel/Brucker/Baumann*, Wegenutzungsverträge, S. 91 ff. Ausdrücklich offen gelassen bei OLG Düsseldorf, B. v. 9. Jan. 2013, VII-Verg 26/12, Tz. 116 (zitiert nach juris) = EnWZ 2013, 125 (130).
[154] *Bundeskartellamt/Bundesnetzagentur*, Gemeinsamer Leitfaden, Tz. 17 f. Vgl. auch OLG Schleswig, Urt. v. 22. Nov. 2012, 16 U (Kart) 21/12, Tz. 138 (zitiert nach

3. Unbillige Behinderung und Diskriminierung, insbesondere bei Inhouse-Vergaben?

Die Unternehmenseigenschaft der Gemeinde und die Marktbeherrschung unterstellend bleibt zu fragen, unter welchen Bedingungen eine unbillige Behinderung i.S.v. § 19 GWB bzw. eine Diskriminierung i.S.v. § 20 Abs. 1 GWB bei der Konzessionsvergabe anzunehmen ist. Diese Frage wird insbesondere dann virulent, wenn die Gemeinde eine Konzessionsvergabe an ein eigenes Unternehmen vornehmen will, und soll im Folgenden insbesondere mit Blick auf diese Konstellation erörtert werden. In den einschlägigen Stellungnahmen folgt die kartellrechtliche Beurteilung insoweit zunächst regelmäßig den energiewirtschaftsrechtlichen Maßstäben. Ein Missbrauch bzw. eine Diskriminierung oder unbillige Behinderung wird angenommen, wenn einem Energieversorgungsunternehmen die Konzessionsvergabe aus Gründen versagt wird, die nach § 46 Abs. 2 und 3 EnWG als unzulässig zu beurteilen sein sollen.[155] Insoweit führt die Heranziehung von §§ 19, 20 GWB über die Vorgaben des § 46 EnWG in der Sache nicht hinaus. Die nachfolgenden Überlegungen konzentrieren sich auf von § 46 EnWG unabhängige, insofern eigenständig kartellrechtliche Erwägungen im Rahmen von §§ 19, 20 GWB.

a) Kartellrechtliche Relevanz kommunalwirtschaftsrechtlicher Subsidiarität?

Vereinzelt ist die kartellrechtliche Unzulässigkeit der Bevorzugung gemeindeeigener Unternehmen (bzw. das Gebot ihrer allenfalls nachrangigen Berücksichtigung) bei der Konzessionsvergabe damit begründet worden, dass die sachliche Rechtfertigung eines diskriminierenden Verhaltens i.S.v. § 20 GWB bei einem Verstoß gegen eine Verbotsnorm mit Wettbewerbsbezug ausgeschlossen sei. Eine solche Verbotsnorm mit Wettbewerbsbezug sei die im Kommunalwirtschaftsrecht vieler Gemeindeordnungen vorgesehene Subsidiaritätsklausel, aus der sich ergebe, dass die Gemeinde privaten Anbietern ggf. den Vorrang bei der Leistungserbringung lassen müsse.[156] Im Kern soll somit der (angenommene) Verstoß gegen kommunalwirtschaftsrechtliche Subsidiaritätsregeln im

---

juris) = EnWZ 2013, 76 (81); *Wegner*, in: Säcker (Hrsg.), Berliner Kommentar, § 46 Rn. 116; *Scholtka/Baumann*, N&R 2010, 1 (6); *Säcker/Mohr/Wolf*, Konzessionsverträge, S. 55 ff.; *Herten-Koch*, in: Kermel (Hrsg.), Konzessionsverträge und Konzessionsabgaben, Kap. 5 Rn. 64; *Büdenbender*, DVBl. 2012, 1530 (1536); *Höch*, RdE 2013, 60 (60 Fn. 5). Vgl. auch BGH, NVwZ-RR 2009, 596 (596).
[155] Vgl. *Büdenbender*, Materiellrechtliche Entscheidungskriterien, S. 70 ff.
[156] *Schwensfeier*, in: Kermel (Hrsg.), Konzessionsverträge und Konzessionsabgaben, Kap. 5 Rn. 190.

II. Kartellrechtliche Vorgaben 45

Falle der Konzessionsvergabe an ein gemeindeeigenes Unternehmen zugleich auch einen Kartellverstoß begründen.

aa) Zu den kommunalwirtschaftsrechtlichen Vorgaben

Demgegenüber ist zunächst – ohne dem hier im Einzelnen nachgehen zu wollen – darauf hinzuweisen, dass die Gemeindeordnungen keineswegs durchweg Subsidiarität in dem Sinne anordnen, dass die Gemeinde mit ihren Unternehmen gegenüber gleich guten und wirtschaftlichen Konkurrenten zurückstehen muss. Vielmehr gibt es Gemeindeordnungen, die sich auf eine sog. bloße Funktionssperrklausel beschränken, die der Gemeinde eine eigene wirtschaftliche Betätigung nur untersagen, wenn andere besser oder wirtschaftlicher sind.[157] Einzelne Gemeindeordnungen haben ganz bewusst auf die Liberalisierung der Energiewirtschaft in der Weise reagiert, dass sie gerade in Bezug auf energiewirtschaftliche Betätigungen von jeder Beschränkung durch Subsidiaritäts- oder Funktionssperrklauseln absehen.[158]

bb) Zur kartellrechtlichen Relevanz

Vor allem aber ist der Frage nachzugehen, ob ein möglicher Verstoß gegen solche kommunalwirtschaftsrechtliche Vorgaben überhaupt geeignet ist, zugleich auch einen Kartellverstoß zu begründen.

Diese Frage ist in ähnlicher Weise bereits in verwandten Zusammenhängen erörtert worden. Zunächst hatten vor einigen Jahren einzelne Oberlandesgerichte angenommen, der Verstoß gegen kommunalwirtschaftsrechtliche Vorschriften könne von Konkurrenten als Verstoß gegen den damaligen § 1 UWG a.F. vor den ordentlichen Gerichten geltend gemacht werden.[159] Dieser Annahme ist der Bundesgerichtshof, die Unterscheidung zwischen Regelungen des Marktzutritts und des Wettbewerbsverhaltens hervorhebend, deutlich entgegengetreten.[160] Seither

---

[157] Zur Kritik an der Kennzeichnung dieser Regelungen als Subsidiaritätsklausel vgl. Hellermann, Örtliche Daseinsvorsorge, S. 214 f.
[158] Vgl. § 107a GO NRW.
[159] Vgl. etwa OLG Hamm, NJW 1998, 3504 (3504 f.); OLG Düsseldorf, NJW-RR 1997, 1470 (1471).
[160] BGH, NVwZ 2002, 1141 (1142): „Es ist nicht Sinn des § 1 UWG, den Anspruchsberechtigten zu ermöglichen, Wettbewerber unter Berufung darauf, dass ein Gesetz ihren Marktzutritt verbiete, vom Markt fernzuhalten, wenn das betreffende Gesetz den Marktzutritt nur aus Gründen verhindern will, die den Schutz des lauteren Wettbewerbs nicht berühren. Unter dem Gesichtspunkt des Wettbewerbsrechts, zu dessen Zielen der Schutz der Freiheit des Wettbewerbs gehört, ist vielmehr jede Belebung des Wettbewerbs, wie sie unter Umständen auch vom Marktzutritt der öffentlichen Hand ausgehen kann, grundsätzlich erwünscht .... Auch bei einem Verstoß gegen Vorschriften über den Marktzutritt muss daher anhand einer – am Schutzzweck des § 1 UWG auszurichtenden – Würdigung des Gesamtcharakters des Verhaltens geprüft werden, ob es durch den Gesetzesverstoß das Gepräge eines wettbewerbs-

darf diese Frage als entschieden gelten. Der hier interessierenden Fallgestaltung noch näher steht die Frage, ob der Verstoß gegen kommunalwirtschaftsrechtliche Vorschriften den Ausschluss gemeindlicher Unternehmen aus Vergabeverfahren nach § 97 ff. GWB rechtfertigen kann. Dies hat das Oberlandesgericht Düsseldorf annehmen wollen. Es meint dies ungeachtet der klärenden Entscheidungen des Bundesgerichtshofs zum Recht des unlauteren Wettbewerbs annehmen zu können, weil hier ein gegenüber dem Lauterkeitsrecht weitergehender, umfassender Wettbewerbsbegriff zugrunde zu legen sei, weshalb ein Wettbewerbsverstoß auch in der Verletzung eines gesetzlichen Markzutrittsverbots durch ein Unternehmen liegen könne; dies lasse sich auch nicht mit dem Hinweis auf eine vom Marktzutritt der öffentlichen Hand tatsächlich ausgehende und vom Gesetz sogar erwünschte Belebung des Wettbewerbs verneinen.[161] Dieser Auffassung ist insbesondere das Oberverwaltungsgericht Münster entgegengetreten. Unter Bezugnahme auf die Rechtsprechung des Bundesgerichtshofs insistiert es darauf, dass die wettbewerbsrechtliche Beurteilung und der korrespondierende vergaberechtliche Rechtsschutz nach §§ 97 ff. GWB sich nur auf die Art und Weise der Beteiligung der öffentlichen Hand am Wettbewerb beziehen können und die davon zu unterscheidende Frage, ob sich die öffentliche Hand überhaupt wirtschaftlich oder nichtwirtschaftlich betätigen darf und welche Grenzen ihr insoweit gesetzt sind oder gesetzt werden sollten, vom Gemeindewirtschaftsrecht zu regeln und im Streitfall primär von der Verwaltungsgerichtsbarkeit, nicht aber von der ordentlichen Gerichtsbarkeit zu beurteilen ist; unter dem Gesichtspunkt des Wettbewerbsrechts, zu dessen Zielen der Schutz der Freiheit des Wettbewerbs gehört, sei jede Belebung des Wettbewerbs, auch die durch den Marktzutritt der öffentlichen Hand, ausdrücklich erwünscht.[162] Dem ist nachdrücklich zuzustimmen. Die kommunalwirtschaftsrechtlichen Vorschriften richten sich

---

rechtlich unlauteren Verhaltens erhält. Der Gesetzesverstoß kann dazu allein nicht genügen, wenn die verletzte Norm nicht zumindest eine sekundäre wettbewerbsbezogene, das heißt – entsprechend dem Normzweck des § 1 UWG – eine auf die Lauterkeit des Wettbewerbs bezogene Schutzfunktion hat .... Eine Schutzfunktion dieser Art fehlt jedoch Art. 87 BayGO. ... Art. 87 BayGO (hat) den Zweck, die Kommunen vor den Gefahren überdehnter unternehmerischer Tätigkeit zu schützen und zugleich einer ‚ungezügelten Erwerbstätigkeit der öffentlichen Hand zu Lasten der Privatwirtschaft' vorzubeugen .... Zweck der Schranken für die erwerbswirtschaftliche Tätigkeit der Gemeinden ist danach nicht die Kontrolle der Lauterkeit des Marktverhaltens, sondern die Einflussnahme auf das unternehmerische Verhalten der Gemeinden und gegebenenfalls der Schutz der Privatwirtschaft vor einem Wettbewerb durch die öffentliche Hand." Vgl. auch BGH, NJW 2003, 586 (587).
[161] OLG Düsseldorf, NZBau 2002, 626 (628); B. v. 13. Aug. 2008, VII-Verg 42/07, Verg 42/07, Tz. 22 ff. (zitiert nach juris).
[162] OVG NRW, NVwZ 2008, 1031 (1032 f.); zustimmend etwa *Ennuschat*, NVwZ 2008, 966 (967 f.).

II. Kartellrechtliche Vorgaben

– bei zunächst eher formaler Betrachtung – an die Kommunen als (potentielle) Unternehmensträger in Bezug auf ihre Entscheidung über die Errichtung, Übernahme, Erweiterung eines Unternehmens und dessen Organisation und nicht an die von ihnen beherrschten, u.U. rechtlich selbständigen Unternehmen; die vergaberechtlichen Vorschriften hingegen adressieren die Unternehmen in ihrem wettbewerblichen Verhalten als Bieter. Dem korrespondiert in der Sache die grundlegende Erkenntnis, dass die wettbewerbsrechtlichen Bestimmungen nicht gegen Wettbewerb an sich und damit auch nicht gegen den Marktzutritt einzelner Wettbewerber, sondern nur gegen wettbewerbswidriges Verhalten schützen.[163] Wenn das Oberlandesgericht Düsseldorf das anders, nämlich in dem evtl. kommunalwirtschaftsrechtlich untersagten Marktzutritt kommunaler Unternehmen eine Wettbewerbsverfälschung sehen will, unterstellt es damit eine dem Wettbewerbsrecht nicht zu entnehmende Unerwünschtheit kommunaler Unternehmen im Wettbewerb.

Aus den nämlichen Gründen spielt die kommunalwirtschaftsrechtliche Zulässigkeit, insbesondere die eventuelle Subsidiarität einer gemeindlichen Wirtschaftsbetätigung auch für die kartellrechtliche Beurteilung der Konzessionsvergabe nach §§ 19, 20 Abs. 1 GWB keine Rolle. Die Frage, ob eine Kommune ein netzbetreibendes Unternehmen errichten darf, betrifft die vorgelagerte Frage nach dem Marktzutritt, die allein Gegenstand des Kommunalwirtschaftsrechts und der verwaltungsgerichtlichen Kontrolle ist. Für die wettbewerbsrechtliche Kontrolle einer konkreten Entscheidung über die Auswahl eines Konzessionsvertragspartners ist diese Frage ohne Belang. Wird in dieser konkreten Auswahlentscheidung ein kommunales Unternehmen mit dem Netzbetrieb betraut, liegt darin jedenfalls nicht schon deshalb eine ungerechtfertigte Diskriminierung privater Konkurrenten, weil die Trägerkommune bei der Begründung dieses Unternehmen möglicherweise kommunalwirtschaftsrechtliche Vorgaben nicht beachtet hat.

b) Verquickung von hoheitlichen Aufgaben und erwerbswirtschaftlichen Interessen?

Ein anderer spezifisch wettbewerbsrechtlicher Ansatz wird verfolgt, wenn im Falle der Konzessionsvergabe an ein gemeindeigenes Unternehmen eine unzulässige Verquickung von hoheitlichen Aufgaben und erwerbswirtschaftlichen Interessen erwogen wird.[164] Sie soll vorliegen, wenn ein Träger öffentlicher Gewalt eine beherrschende Stellung in einem durch die Hoheitsverwaltung eröffneten Markt in der Weise ausnutzt, dass er die durch die Verwaltungstätigkeit erzeugte Nachfrage un-

---

[163] So auch *Säcker/Mohr/Wolf*, Konzessionsverträge, S. 120.
[164] *Säcker/Mohr/Wolf*, Konzessionsverträge, S. 119.

ter Verdrängung leistungsbereiter privater Wettbewerber selbst befriedigt, um so für sich den größten wirtschaftlichen Vorteil zu erzielen.[165] Dabei wird insbesondere eine Parallele zur Schilderpräger-Rechtsprechung des Bundesgerichtshofs gezogen.[166] In diesen Fällen wuchs der Kommune auf Grund des hoheitlichen Betriebs der KfZ-Zulassungsstelle eine marktbeherrschende Stellung für das Angebot von Flächen für Schilderprägerbetriebe in räumlicher Nähe hierzu zu, die nach Auffassung des Bundesgerichtshofs nicht dazu genutzt werden durfte, die Nachfrage nach Schildern unter Verdrängung leistungsbereiter Privater selbst zu befriedigen.[167]

Die hier gezogene Parallele ist zunächst insofern überraschend, als die gemeindliche Verfügung über das örtliche Wegenetz nun nicht mehr – wie bei der Begründung der Anwendbarkeit von §§ 19, 20 GWB – als eine privatrechtliche und unternehmerische, sondern als eine hoheitliche Position angesehen wird;[168] das erscheint kaum miteinander vereinbar. Aber auch wenn man den spezifisch hoheitlichen Charakter dieser gemeindlichen Position zugrunde legt, besteht ein wesentlicher Unterschied: Während in den Schilderprägerfällen die hoheitliche Stellung als KfZ-Zulassungsstelle sozusagen zufällig, kraft räumlicher Nähe, eine marktbeherrschende Stellung der Gemeinde als Vermieterin eines Gebäudes begründet, die dann zur Bevorzugung eines eigenen Unternehmens genutzt wird, geht es bei der Konzessionsvergabe – wie dargelegt – um die Zurverfügungstellung einer in der Hand der Gemeinde befindlichen hoheitlichen Infrastruktur, die für die energiewirtschaftliche Betätigung des netzbetreibenden Energieversorgungsunternehmens *essentiell* ist.[169]

---

[165] *Säcker/Mohr/Wolf*, Konzessionsverträge, S. 119.
[166] *Bundeskartellamt/Bundesnetzagentur*, Gemeinsamer Leitfaden, Tz. 26. Vgl. auch *Säcker/Mohr/Wolf*, Konzessionsverträge, S. 119.
[167] BGH, NJW 2003, 752 (754).
[168] Vgl. *Bundeskartellamt/Bundesnetzagentur*, Gemeinsamer Leitfaden, einerseits Tz. 16: „Die Gemeinden sind bei der Vergabe von Konzessionen für Strom- und Gasverteilernetze unternehmerisch tätig, da es sich um die entgeltliche Vergabe von Wegerechten handelt."; andererseits Tz. 26: „Das Angebot von Wegerechten im örtlichen Wegenetz für die Gemeinde nur wegen ihrer straßenrechtlichen hoheitlichen Aufgaben möglich. Die so vermittelte Monopolstellung beim Angebot darf sie nicht zur diskriminierenden Verdrängung privater Nachfrager missbrauchen."
[169] Ähnlich auch *Hoch/Theobald*, KSzW 2011, 300 (305 f.): „Durch die Konzessionsvergabe wird nicht aufgrund der Verwaltungstätigkeit (Zurverfügungstellung von Wegenutzungsrechten) eine Nachrage nach Gütern erzeugt, deren Befriedigung die konzessionsvergebende Kommune im Falle der Konzessionierung eines Eigenbetriebs oder einer Eigengesellschaft selbst vornimmt. Die aus Sicht der Konsumenten relevante Güternachfrage ist vorliegend auf Netzdienstleistungen gerichtet (d.h. die Bereitstellung von Netzanschlüssen zur Entnahme und Einspeisung von Energie). Diese Güternachfrage besteht jedoch unabhängig von der Wegenutzungsvergabe der Kommune und wird jedenfalls nicht durch die Hoheitstätigkeiten der Kommune erst hervorgerufen."

II. Kartellrechtliche Vorgaben 49

Die Parallele zur Schilderpräger-Rechtsprechung ist deshalb nicht überzeugend.

c) Ausschluss der kartellrechtlichen Privilegierung konzernverbundener Unternehmen?

Bemerkenswert ist, wenn bei der Vergabe der Konzession an das gemeindeeigene Unternehmen die kartellrechtlich grundsätzlich anerkannte Bevorzugung konzernverbundener Unternehmen,[170] wie es bei der Annahme einer unternehmerischen Betätigung der Gemeinde in vorliegendem Zusammenhang konsequent wäre, nicht ohne Weiteres akzeptiert wird.

Der Bundesgerichtshof jedenfalls hat diese kartellrechtliche Privilegierung konzernmäßig verbundener Unternehmen in seiner Schilderpräger-Rechtsprechung im Ausgangspunkt durchaus zugrunde gelegt und im Ergebnis nur deshalb nicht angewandt, weil sich hier die überragende Stellung der Gemeinde auf dem fraglichen Markt gerade aus ihrer öffentlich-rechtlichen Sonderstellung (als KfZ-Zulassungsstelle) ableite.[171] Dieses Argument verfängt hier nicht, wenn die gemeindliche Position nicht auf eine als Selbstverwaltungsaufgabe qualifizierte Wegehoheit,[172] sondern auf das privatrechtliche Eigentum gestützt wird; auch insoweit wäre es in sich widersprüchlich, einerseits die Anwendbarkeit des GWB darauf zu stützen, dass die Gemeinde bei der Konzessionsvergabe auf der Grundlage ihres Privateigentums am Wegenetz und unternehmerisch handele, und andererseits eine Bevorzugung gemeindeeigener Unternehmen unter Verweis auf eine spezifisch hoheitlich begründete Stellung der Gemeinde für kartellrechtswidrig zu erklären. Diesem inneren Widerspruch kann man auch nicht entgehen, indem man – statt auf eine besondere hoheitliche oder öffentlich-rechtliche Rechtsstellung – auf eine *öffentliche Aufgabe* verweist, aus der sich die überragende Marktstellung ergeben soll.[173] Denn für die These des Bundesgerichtshofs ist nicht die – in ihrer rechtlichen Bedeutung ohnehin ungewisse – Qualifikation als öffentliche Aufgabe, die eher für eine kartellrechtliche Privilegierung ihrer Wahrnehmung streiten sollte, tragend; entscheidend ist vielmehr, dass staatlichen Stelle nicht ihnen als Hoheitsträger zustehende *öffentlich-rechtliche Sonderrechte* zur Begründung einer überragenden Marktstellung in ihrer unternehmerischen Betätigung sollen nutzen dürfen.

---

[170] BGH, NJW 1992, 1827 (1828); NJW 2003, 752 (753 f.). Vgl. auch *Säcker/Mohr/Wolf*, Konzessionsverträge, S. 118; *Büdenbender*, Materiellrechtliche Entscheidungskriterien, S. 45.
[171] BGH, NJW 2003, 752 (753 f.).
[172] Vgl. dazu oben unter B. I. 2. a).
[173] *Schwensfeier*, in: Kermel (Hrsg.), Konzessionsverträge und Konzessionsabgaben, Kap. 5 Rn. 186.

Da diese Argumentation mit Blick auf Energiekonzessionsverträge, sofern man in der Wegerechtsvergabe eine unternehmerische Betätigung sieht, ausscheidet, müsste der Ausschluss der kartellrechtlichen Ausnahme zugunsten konzernverbundener Unternehmen anders zu begründen sein. Spezifisch kartellrechtliche Gründe sind insoweit nicht ersichtlich. Vorgebracht wird, dass der Gesetzgeber das Diskriminierungsverbot des § 46 Abs. 1 S. 1 EnWG gerade geschaffen habe, um eine solche Bevorzugung kommunaler Netzbetreiber zu verhindern und insofern ein gegenüber § 20 GWB strengeres Diskriminierungsverbot vorgesehen habe;[174] auch auf § 46 Abs. 4 EnWG wird in diesem Zusammenhang verwiesen.[175] Diese Begründung verweist wieder auf energiewirtschaftsrechtliche Maßstäbe zurück. Die behauptete Absicht des Gesetzgebers, durch § 46 EnWG gerade einer Bevorzugung kommunaler Unternehmen bei der Konzessionsvergabe durch die Gemeinde entgegenwirken zu wollen, ist jedoch – wie dargelegt[176] – in keiner Weise belegt.

d) Fazit zu den spezifisch kartellrechtlichen Argumentationsansätzen

Im Ergebnis vermag die Geltendmachung von §§ 19, 20 GWB, auch wenn man annimmt, dass die Gemeinde bei der Konzessionsvergabe unternehmerisch handelt und marktbeherrschend ist, keine über die Anforderungen des § 46 EnWG hinausführenden Einschränkungen der gemeindlichen Entscheidungsspielräume bei der Vergabe von Konzessionsverträgen zu begründen.

---

[174] *Büdenbender*, Materiellrechtliche Entscheidungskriterien, S. 45.
[175] *Schwensfeier*, in: Kermel (Hrsg.), Konzessionsverträge und Konzessionsabgaben, Kap. 5 Rn. 188.
[176] Vgl. oben unter C. I. 2. d) cc) (2).

D. Schluss

I. Ergebnisse der Untersuchung

Nach § 46 Abs. 3 EnWG muss die Gemeinde zwei Jahre vor Vertragsablauf das Vertragsende öffentlich bekanntmachen, ggf. eine Auswahl unter mehreren Bewerbern treffen und die maßgeblichen Gründe ihrer Auswahlentscheidung öffentlich bekanntgeben. Zur Durchführung eines förmlichen Auswahlverfahrens verpflichtet § 46 Abs. 3 EnWG nicht. Diese Verpflichtung folgt erst aus den Anforderungen des Europäischen Primärrechts, wie sie für die die Vergabe von Dienstleistungskonzessionen entwickelt worden sind. Sie entfällt deshalb von Rechts wegen, wenn eine Gemeinde die Konzessionsvergabe an ein Unternehmen beabsichtigt, über das sie eine Kontrolle wie über eine eigene Dienststelle ausübt und das seine netzbetreibende Tätigkeit im Wesentlichen nur für diese Gemeinde wahrnimmt; denn auch insoweit gilt die vom Europäischen Gerichtshof anerkannte Freistellung sog. Inhouse-Vergaben.

In materieller Hinsicht ist die Entscheidung über den Konzessionsvertragspartner eine durch Art. 28 Abs. 2 GG geschützte, grundsätzlich eigenverantwortlich mit Blick auf die berührten Selbstverwaltungsangelegenheiten zu treffende Entscheidung der Gemeinde. Diese ist dabei – jedenfalls durch Art. 3 Abs. 1 GG – zu einer willkürfreien, auf sachlich einleuchtende Gründe gestützten Auswahlentscheidung verpflichtet. Unter den Vorzeichen der Trennung von Energieverteilung einerseits, Energieerzeugung und -belieferung andererseits darf sie dabei keine Auswahlkriterien zugrunde legen, die Bewerber nicht erfüllen können und dürfen; darüber hinaus aber ist sie nicht auf streng netzbezogene Kriterien beschränkt. Dass § 46 Abs. 3 S. 5 EnWG sie bei ihrer Auswahlentscheidung auf die Beachtung der Ziele des § 1 Abs. 1 EnWG verpflichten will, ist – ungeachtet des verfehlten Ansatzes der Regelung – im Ergebnis unbedenklich, soweit sie diese Ziele *auch* zu beachten haben soll; eine weitergehende Verpflichtung zur vorrangigen oder gar ausschließlichen Beachtung dieser Ziele wäre mit Art. 28 Abs. 2 GG nicht vereinbar, so dass § 46 Abs. 3 S. 5 EnWG, der insoweit offen scheint, verfassungskonform auszulegen ist. Erst recht zurückweisen ist die Annahme, die Gemeinde sei vorrangig oder (so gut wie) ausschließlich auf eine Beachtung des Effizienzziels als eines Teilziels des § 1 Abs. 1 EnWG festgelegt. Es ist der Gemeinde schließlich auch nicht verwehrt, die Kriterien ihrer Auswahlentscheidung so zu wählen, dass sie zu einer bevorzugten Berücksichtigung eines gemeindeeigenen Energieversorgungsunternehmens führen; es kann sachlich einleuchtende Gründe (insbesondere das Interesse an verstärkten Steuerungsmöglichkeiten sowie fiskalische Interessen) hierfür geben, die zulässigerweise zugrunde gelegt werden dürfen.

II. Abschließende Bewertung

Den jüngeren behördlichen und gerichtlichen Entscheidungen sowie Stellungnahmen in der Literatur, die den gemeindlichen Entscheidungsspielraum bei der Vergabe von Konzessionsverträgen mit den verschiedenen, im Einzelnen dargestellten und erörterten Argumenten restriktiver bestimmen wollen, liegt eine Vorstellung von Energieversorgung zugrunde, die allein auf das Verhältnis von Unternehmen und Verbraucher bezogen und strikt wettbewerblich geprägt ist.[177] Ihr Ziel ist letztlich eine – gesetzlich vorgegebene Randbedingungen einer sicheren, verbraucherfreundlichen, umweltgerechten und ressourcenschonenden Energieversorgung wahrende, primär aber – möglichst effiziente, dadurch preisgünstige Energieversorgung. Für die Gemeinde bleibt bei der Vergabe der Konzessionsverträge nur die Rolle als „bloßer Sachwalter der wettbewerblichen Entscheidung im Rahmen des § 46 Abs. 2, 3 EnWG",[178] indem sie – so die letzte Konsequenz – nur noch die von der Bundesnetzagentur ermittelte Effizienz des Netzbetriebsinteressenten zu übernehmen hat. Für die Gemeinde als Selbstverwaltungskörperschaft, die eigenverantwortlich die Angelegenheiten der örtlichen Gemeinschaft regeln darf, bleibt so gut wie kein Gestaltungsspielraum mehr.

Das hier gezeichnete Bild von der gemeindlichen Rolle in der Energieversorgung ist rechtlich nicht haltbar. Energiewirtschaftsrechtlich ist mit Blick auf die zentrale Vorschrift des § 46 EnWG nicht zutreffend, dass der Gesetzgeber für die Konzessionsvergabe ein Diskriminierungsverbot habe schaffen wollen, das auf einen strikten Leistungswettbewerb angelegt ist und einer möglichen Bevorzugung gemeindlicher Unternehmen gegenüber leistungsfähigeren Konkurrenten entgegenwirkt; der Gesetzgeber hat – jedenfalls bis zur verfassungsrechtlich problematischen und verfassungskonform auszulegenden Novelle 2011 – betont, die gemeindliche Entscheidung gerade nicht materiell einschränken zu wollen, und damit den kommunalen Gestaltungsspielraum bewahren wollen. Es wäre auch nicht vereinbar mit der verfassungsrechtlichen Garantie ge-

---

[177] Kennzeichnend etwa die Zusammenfassung bei *Büdenbender*, Materiellrechtliche Entscheidungskriterien, S. 54 f.
[178] *Büdenbender*, Materiellrechtliche Entscheidungskriterien, S. 63.

meindlicher Selbstverwaltung, der Gemeinde diesen Gestaltungsspielraum um des Ziels der wettbewerblichen Sicherung eines möglichst effizienten Netzbetriebs willen zu nehmen.

Sachverzeichnis

(Die Zahlen verweisen auf die jeweiligen Seiten.)

Angelegenheiten der örtlichen Gemeinschaft 7 f., 25, 31, 33, 47
Arbeitsmarktförderung/Arbeitsplatzsicherung 30, 33, 38
Aufgabenverteilungsprinzip, materielles 8, 13
Auswahlfreiheit der Gemeinde 3 ff., 27 f., 31 f., 40 f., 52 f.
Auswahlkriterien 3 ff., 15, 29 ff., 51
Auswahlverfahren 4 f., 17, 23 ff., 27, 50

Bauleitplanung 11
Bekanntmachung der Auswahlentscheidung 3, 24, 27, 50
Bekanntmachung des Vertragsablaufs 3, 17, 23 ff., 51
Bundesnetzagentur 5, 35, 52

Dienstleistungsauftrag 15
Dienstleistungskonzession 15, 17 ff., 24, 26, 50
Diskriminierung (i.S.d. GWB) 44 ff.
Diskriminierungsverbot (AEUV) 16 f., 19 f., 24 ff.
Diskriminierungsverbot (EnWG) 28 f., 40, 50, 52
Doppelrolle der Gemeinden 40
Drittes Binnenmarktpaket 14

Effizienz 4 f., 34 ff., 50, 52
Eigenbetriebe 24 ff., 37
Eigengesellschaften 26 (s.a. Gemeindeeigene Energieversorgungsunternehmen)
Eigentum (am Wegenetz) 1 f., 9 f., 21, 42, 49
Einfaches Wegenutzungsrecht 28
Einfluss (der Gemeinde auf Netzbetreiber) 5, 30, 38, 52
Energiebinnenmarktrichtlinien 13 ff.
Energieversorgung/Sicherung der E. als gemeindliche Aufgabe 7, 9 ff., 37, 42 f., 51

Energiewirtschaftliche Betätigung von Gemeinden 36 f.
Energiewirtschaftsgesetz/-recht 2, 12 f., 23 ff., 51 ff.
Entflechtung(-svorschriften) 3 f., 14, 29 f.

Fiskalische Interessen (der Gemeinde) 5, 30, 32 f., 38, 52

Gemeindeeigene Energieversorgungsunternehmen 4, 17 ff., 24 ff., 36 ff., 44 ff., 51 f. (s.a. Inhouse-Vergabe)
Gemeindewirtschaftsrecht s. Kommunalwirtschaftsrecht
Gesetzesvorbehalt (der Selbstverwaltungsgarantie) 12 f.
Gleichheitssatz (Art. 3 Abs. 1 GG) 20 f., 28 ff., 37, 50
Grundfreiheiten 16, 20, 24

Höchstlaufzeit 2 f., 31, 40 f.
Hoheitliches Handeln (der Gemeinde bei der Wegerechtsvergabe) 21, 42 f., 48 ff.

Inhouse-Vergabe 17 ff., 24 ff., 39 f., 44 ff., 50
Interessebekundungsverfahren s. Auswahlverfahren

Kartellrecht 2, 16, 41 ff.
Kartellverbot 2, 16
Kernbereich (der Selbstverwaltungsgarantie) 8, 13
Kommunalwirtschaftsrecht 37, 44 ff.
Konzernverbundene Unternehmen 49
Konzessionsabgaben 32 f., 38

Marktbeherrschende Stellung 43
Monopol, natürliches 1, 28

Netzbezogene Gründe 4 f., 29 f., 38, 50

Öffentliche Aufgabe 49 f.

Preisgünstigkeit 4, 32, 34 f., 52
Privatrecht(-sförmigkeit) 2, 9 f., 21, 42 f., 48 f.

Randbereich (der Selbstverwaltungsgarantie) 8, 13
Rastede-Beschluss 8, 13
Rekommunalisierung 20

Schilderpräger-Rechtsprechung 42, 48 f.
Selbstverwaltungsgarantie 7 ff., 25, 30, 33 f., 35, 37, 38 f., 42 f., 51 ff.
Steuerung (des Netzbetreibers) s. Einfluss (der Gemeinde auf Netzbetreiber)
Straßenrecht 2, 42 f.
Subsidiarität(-sklausel) 44 f., 47
Systementscheidung 36

Telekommunikation 11
Transparenz 3, 17, 24 f., 27, 41
Transparenzgebot 16 f., 19, 24 ff.

Unbillige Behinderung 44 ff.
Unternehmerisches Handeln (der Gemeinde bei der Wegerechtsvergabe) 16, 21, 42 f., 48 ff.

Vergaberecht 15, 17 f., 46
Vergaberichtlinien 15, 17
Verteilnetz, örtliches 1, 10, 14, 28
Vertrag über die Arbeitsweise der Europäischen Union 16
Verquickung von hoheitlichen Aufgaben und wirtschaftlichen Interessen 47 f.

Wegehoheit 1, 9 f., 40, 43, 49
Wegenetz, örtliches 1, 9 ff., 42 f., 48
Wettbewerb 14, 20, 25 f., 31, 36, 41, 46 f., 52 f.
Wettbewerbsrecht s. Kartellrecht
Wettbewerbsregeln des AEUV 16, 42
Wettbewerbsteilnahme gemeindlicher Unternehmen 45 ff.
Willkürfreiheit/-verbot 21, 28, 37, 51
Wirtschaftsförderung 11, 38

Ziele des § 1 EnWG 4 f., 30 ff., 50